すさまじい時代 上

The unstable period that defies beyond your imagination.

浅井隆

第二海援隊

プロローグ

私たちは歴史的大変動期の直前を生きている

私たちはどこから来て、どこへ行こうとしているのか。

過去、現在、未来――この時空のはざまで私たちは日々必死に生きているが、普段はその忙しさにまぎれて、歴史の大きなトレンドや私たちが立っている歴史上のポジションについて深く考えることはない。だが、自分達が今、一体どういう時代に生きているのかを知ることは極めて重要なことだ。

なぜか⁉

歴史上には時たま大変動の時期がやってくるからだ。それが襲来すると、多くの人が全財産を失ったり、生活が根底から覆って路頭に迷うことになる。

では、私たちは今どんな時代の直前に生きているのだろうか。あなたはすぐに信じないかもしれないが、まもなく私たちの想像を絶する〝巨大な歴史的変動〟がやってくる可能性が高まっているのだ。つまり、私たちは歴史的な変動期の直前を生きているのだ。

そこで、これとまったく似たような状況が以前にもあったことをぜひお伝えしておきたい。というのも、あなたが「今後もこれまでと同じようないい時代が続く」とカン違いしているならば、その考えをこの場で変えたいからだ。

ちょうど今から一〇〇年ちょっと前の二〇世紀冒頭、パリでは万博が開催され、ロンドンへ行く途中の夏目漱石もその会場を訪れてその感想を手記に残している。電波塔として建てられたエッフェル塔の〝奇怪〟（当時のパリっ子はその形を異様とはやしたてた）で巨大な姿に人々は目を見張った。さらに、動く歩道や様々な近代科学の粋に世界中の人々が熱狂した。当時のヨーロッパ人たちはパリ万博の展示物を見て、「この驚くべき近代西洋文明の進歩が二〇世紀の人類に未曾有の繁栄と平和をもたらすだろう」と信じて疑わなかった。

しかし、実際にその十数年後にやってきたのは人類史上最悪の第一次世界大戦だった。「クリスマスまでには帰ってくる‼」と歓喜の叫びをあげながら出征した若者たち（彼らは戦争というものをまったく知らなかった。それほど平和な時代が長く続いていた。それは恐ろしいほど現在に似ている）はまさに地上の〝地獄〟を見ることになる。機関銃、戦車、毒ガス兵器、爆撃機といった近代的な殺傷兵器の登場により、すさまじい塹壕戦がヨーロッパ各地でくり広げられた。

しかも終戦処理の失敗により、さらなる悲劇を招くこととなる。ベルサイユ条約によって、敗戦国ドイツから莫大な戦争賠償金をとることになったのだ。それが原因でやがてドイツが国家破産し、年率一兆％を超える天文学的ハイパーインフレに見舞われ、ドイツ人は塗炭の苦しみを味わう羽目になる。しかもその後にアメリカ発のデフレがドイツを襲い、彼らの頭はついにおかしくなってしまう。その大混乱の中から、亡霊のようにヒトラーが登場してくる。人々が彼の登場を願ったのだ。そして、ヒトラーが誓ったのは強いドイツの復活と英仏への復讐だった。その姿は、何か最近のプーチンや習近平に似ていて不気味だ。

ここで注意していただきたいのは、こうした表面上の現象のウラには必ず歴

すさまじい時代の全貌
世界恐慌
2017-18年
国家破産
2020年
東京オリンピックの頃
世界的戦争
2025-35年
氷河期スタート
2030年頃
食糧危機
2035年以降
さらなる戦争
2040年以降
文明そのものの
危機へ
2050年〜

史をつき動かす「巨大トレンド」が存在しているということだ。実は、大英帝国からアメリカへ覇権が移る過程で、次の新興大国（アメリカ）で巨大なバブルが発生し、そのバブルが崩壊して歴史的な大暴落となり、その結果世界大恐慌が勃発したということだ。この前代未聞の大不況は日本やドイツをも巻き込み、次の大戦への導火線となっていく。

アメリカ→中国への覇権の移行

日本は折からの関東大震災→昭和恐慌→世界恐慌という流れの中で政治も経済も混乱し、天候不順もあいまって、「大学は出たけれど」という長期不況に突入する。そして、その不満を軍部が吸収する形で、戦争の時代へと突入していく。最終的にアメリカと戦火を交えるという、前代未聞の状況にまで突き進んでいくことになる。

こうして、二〇世紀前半は第一次世界大戦、世界大恐慌、第二次世界大戦という三大悲劇を経て、ようやく大英帝国→アメリカへという覇権の移行が終了したのだ。

では、その一〇〇年後の現在において起きつつあることは何か。それこそ、アメリカ→中国への覇権の移行という巨大な歴史上の動きだ。しかも、ここでよく考えて欲しい。今回は単なる覇権の移行ではないという点を。西洋文明→東洋文明へと文明のパワーも移行する八〇〇年振りの文明移行期にもあたるのだ。ここでは八〇〇年周期そのものの説明はしないが（詳しくは下巻第五章参照）、この数千年の人類の壮大な文明の歴史を研究すると、八〇〇年ごとに東洋と西洋がその力の関係を逆転させてきたことがわかる。しかも、その八〇〇年ごとの文明の交代期（交差点）においては、必ず地球規模の動乱、天候異変、戦争、民族大移動などが起きているのだ。そしてこの二一世紀前半こそ、その文明八〇〇年の交代期であり、大動乱の時期にあたるのだ。

とすると、今回のアメリカ→中国への覇権の移行はただごとではすまない可能性がある。前回以上の巨大な悲劇が私たちを待ちかまえているかもしれないのだ。なにしろ、前回の移行は非常に似たもの同士の、そうイギリスとアメリカという言語も同じ、文化も政治形態も大変似通った国同士の間での覇権の交代だったため、比較的スムーズに移行が実行された。しかし、その場合でもあのような二回にわたる大戦と、世界恐慌という「悲劇」と「犠牲」を必要とした。

それを考えると、ある意味空恐ろしくなる。今回の覇権の移行先は、他国の領土を自らの領土と主張してはばからないネロ皇帝のような中国共産党だからだ。しかも、その主は人民解放軍のトップですら半殺しにするような強権指導者の習近平である。日本周辺をめぐっては今後何が起きても不思議ではないと覚悟しておいた方がよい。

現在、世界経済は中国経済の大減速におびえて動揺しているが、やがてこれが世界恐慌へと発展し、それを遠因として戦争の時代に突入していく可能性が日々高まっている。しかも、第二次世界大戦時と比べて科学文明は飛躍的に発展し、その分軍事技術は信じられないレベルにまで高度化し、先鋭化している。

大動乱の原因

覇権の移行(米→中)

100年振りの混乱

800年周期による激動の時代の到来

800年振りの混乱

氷河期到来

1万年振りの混乱

人口の膨張

人類史上初の事態

↓

文明そのものの危機がやってくる!?

核兵器の数や種類もとんでもないレベルに到達し、世界中に拡散している。次なる世界戦争は、想像を絶する破壊力と残虐性とスピードをもっているかもしれない。

しかも、その後にさらなるリスクが人類の前にたちはだかるだろう。氷河期到来による「食糧危機」だ。そしてそれはさらなる「戦争の時代」を招くはずだ。

二一世紀は手塚治虫が「鉄腕アトム」の中で描いたような明るく楽しい未来では決してない。人類と日本人が生き残れるかどうかという、とてつもない試練とリスクの時代なのだ。そうした「すさまじい時代」をどうしたら生き残ることができるのか。本書上下巻にその全貌とサバイバルのヒントが書いてある。ぜひすべてを通読していただき、読者諸氏の生き残りのよすがとしていただければ幸いである。

二〇一五年一〇月吉日

浅井　隆

プロローグ

第一章　世界大恐慌——二〇一七年—二〇一八年

第二章 国家破産――二〇二〇年―二〇二一年

第三章　二〇二五年、老後消滅
――悲惨な中高年層が溢れる日本

※注　本書では為替は一ドル＝一二〇円で計算しました。

「すさまじい時代」〈下〉も併せてお読みください　〈二〇一六年一月発売予定〉

第一章
世界大恐慌——二〇一七年－二〇一八年

「バブソンの下げ」

「私は昨年のこの時期にも、一昨年のこの時期にも言ったこととまったく同じことを、繰り返し強調しておきたい。早晩、破局（大暴落）が訪れる」——一九二九年九月五日、米マサチューセッツ州ウエルズレーに住むロジャー・バブソンという男がニュー・イングランド地方の投資家を目の前にしてこう警告を発した。民間エコノミストであるバブソンは、かれこれ三年ほど前から市場のクラッシュを予想し続けている。「こいつは頭がおかしい」。誰もがバブソンの悲観論をあざ笑った。無理もない。バブソンがかねてからの警告を繰り返したこの日は、ニューヨーク株式市場が史上最高値（当時）を更新した二日後のことである。

一九二〇年代の米国は、第一次世界大戦の特需（輸出増）を背景に空前の好景気を謳歌していた。のちに、「狂騒の二〇年代」と言われた時代である。米国の株価（ＮＹダウ）は、一九二一年を底にうなぎ上りの上昇を記録。一九二九年まで上昇が続いたため、「永遠の繁栄」などともてはやされた。

当時の活況ぶりは私たちの想像をはるかに超える。上等なツイードのジャケットに身を包んだ証券マンたちで溢れかえるウォールストリート。ティファニーなどの高級ブティックは連日のようにフラッパー・ルック調の女性たちで埋め尽くされていた。マンハッタンは摩天楼と呼ぶにふさわしく、クライスラービルや四〇ウォールストリートといったビルもこの当時に建設されている。ニューヨーク中の誰もが「永遠の繁栄」という言葉を信じて疑わなかった。

そんな時代である。バブソンの悲観論を誰一人として信じなかったことに驚きなどない。むしろ、警告を信じろという方に無理がある。事実、投資家たちはバブソンの警告を徹底的に無視し続けた。余談だが、バブソンは株価の暴落だけでなく当時の「バブル的な好況が、それ自体の反作用で厳しい不況に転じる」（三菱ＵＦＪモルガンスタンレー証券）ということまで予想している。のちの大恐慌まで予期していたのだ。

バブソンの警告は誰からも相手にされなかったが、九月五日の講演後は株価が下落に転じている。俗に言う「バブソンの下げ」だ。そのきっかけは、バブソンの言説をダウジョーンズ社が全米に配信したことにある。「大暴落」というタブー視されていた言葉がメディアで初めて使われたことで、カンが利く一部の投資家の売りが誘発された。この出来事は「炭鉱のカナリア」（＝早期警戒信号。昔の炭鉱労働者が有毒ガスを察知するためにカナリアを炭鉱へ持ち込んでいたことに由来する）の代表例として現在でもウォール街で語り継がれている。

しかし、「バブソンの下げ」をもってしても、市場の過熱感を収束させることはできなかった。ダウジョーンズの配信によりバブソンは衆目こそ集めたが、注目されたことによって彼に異を唱える人物が続出している。その代表例が、著名経済学者のアーヴィング・フィッシャーだ。フィッシャー方程式を提唱したことで知られるフィッシャーは、米国人としては初めて歴史に名を残した経済学者である。そんな大物がバブソンの警告を一蹴した。自身も株価の上昇によって多大な利益を上げていたフィッシャーは、株価の上昇は「新しい時代の始まり」だと主張。強気相場が終わることはないと、悲観論を明確に否定した。メディアは二人の舌戦を大々的に取り上げたが、ほとんどの投資家はフィッシャーの見解を支持。株価も実際に上昇を続けた。

そして、フィッシャーはのちに自身の名声を汚すこととなる伝説的な言葉を残す。フィッシャーは、ブラック・サーズデーの数日前に次のように語ったのだ――「株価は恒久的に続く高原地帯（プラトー）に達した」。今になって考えると、ずいぶんと滑稽な話である。高名な学者が、大真面目に「株価は永遠に上がり続ける」（下がることはない）と断言したのだ。しかし、なんとも恐ろしいことに、その当時は多くの人がフィッシャーの言葉を信じたのである。

かつて、万有引力の法則を発見したことで知られるアイザック・ニュートンも「人間の狂気までは計算できなかった」という言葉を残した。バブル景気の語源ともなった「南海泡沫事件」で大損失を被った時のことである。ニュートンが被った損害は、現在の価値にして一、二億円。全財産を失ったニュートンは以後、勤めていた造幣局で錬金術の研究に没頭した。損失を取り返そうと躍起になっていたニュートンの遺髪からは、錬金術に用いられる水銀が大量に検出されている。

そして、一九二九年一〇月、またも高名な学者が致命的な誤りを犯した。大方の予想を裏切り、株式市場に〝破局〟が到来したのである。ブラック・サーズデーの直前に「株価は永遠に上がり続ける」と説いたフィッシャーもニュートンと同じく全財産を失った。しかも、株価が下落に転じたあとも一貫して強気相場の再来を主張したため、フィッシャーの名声は著しく傷ついてしまう。

一方のロジャー・バブソンは、大恐慌を予期したことによって富と名声を得た。バブソンは、投資助言の業界では現在も伝説として語り継がれている。ちなみに、バブソンは米国では初めて投資ニュースレターを発行した人物だ。また、バブソンが一九一九年に設立した「バブソン研究所」は現バブソン大学の前身である。バブソン大学は起業家教育に特化した大学で、米エンター・マネー・マガジンが発表した「教育の質、投資価値、卒業生の年収」を基にした大学ランキング（二〇一四年）では、全米六五五校の中で一位に選出された。

トヨタ自動車の現社長である豊田章男氏などが卒業生として名を連ねている。

そのバブソンが事前に予期したように、一九二九年のブラック・サーズデー（一〇月二四日）とそれに続く「悲劇の火曜日」（一〇月二九日）といった一連の株価暴落劇は、米国を奈落の底へと導くことになった。

それでも暴落の直後は、楽観的な雰囲気が社会を覆っていたという。日本のバブル崩壊の時もそうであったが、資産バブルの余韻はしばらく続くものだ。ハーバート・フーヴァー大統領（当時）も、「不況は周期的なもので、景気はまもなく回復する」という楽観的な声明を残している。

しかし、一九三〇年代に入っても景気はまったく回復しなかった。それどころか、情勢は洒落にならないほどに深刻化していく。

米国の大恐慌と強行的ニューディール政策

ブラック・サーズデーから二年が経過した一九三一年、米国はもはや非常事態に陥っていた。そして、「グレート・ディプレッション」（大恐慌）の幕が上がる。当時の米国は、銀行に対する信頼感の低下→国民による預金の引き出し→企業への融資ストップ→企業の倒産→失業率の上昇という悪循環に陥っていた。米国の失業率は一九二九年の三・三％から一九三三年には二四・九％まで上昇。数百万人におよぶホームレスが街を徘徊するなど、社会不安は頂点に達しつつあった。そして、一九三三年の二月に米国経済は完全なる崩壊を迎える。

きっかけは、ミシガン州で起きた「バンク・ホリデー」（銀行休業）。たった一つの銀行が休業を宣言したに過ぎないが、国民の不安は沸点に到達。結果的にこのバンク・ホリデーは全米規模での取り付け騒ぎにまで発展した。これが決定打となり、米国の金融システムは崩壊。一九二九年から一九三三年までに倒産した銀行の数は、全行のおよそ半数にまでおよんだ。

すると、その直後に就任したフランクリン・ルーズベルト大統領が「国家非常事態」を宣言する。「現在、米国経済がおかれている状況は、資本主義という制度がアメリカという国家に対して挑戦し、戦争行為をおこなっているのだ。

そのような意味でアメリカはいま戦争状態にある」──これはルーズベルトの側近が語ったとされる言葉だ。いかに米国が過酷な状況に直面していたかが窺い知れる。

ルーズベルトは、米国経済の特徴でもあった自由（放任）主義という考え方を大きく転換させた。そして、国家が経済活動に介入するという米国史上かつてない方針へと舵を切る。その結晶が、いわゆる「ニューディール政策」だ。具体的には、銀行の救済と雇用の創出（公共事業の増加）、過剰生産能力の解消（生産量の調整）といった政策を指す。これらの政策が政府の大幅な介入によって半ば強制的に実行された。

ニューディール政策の中には、悪名高き「大統領令６１０２」も含まれている。日本ではほとんど知られていないこの大統領令、実は事実上の金（ゴールド）没収だ。一九三三年四月五日、ルーズベルトは突如として次のような衝撃の行政命令を下す──「フランクリン・Ｄ・ルーズベルトは、米国大統領として、国家非常事態が継続していることを宣言し、金貨、金地金、金証書を、個人、共同、協会、企業によって米国内で保有することを禁止する」。そして、国民が保有する金を「一トロイオンス（三一・一グラム）＝二〇・六七ドル」で政府に拠出するよう命じた。その目的は、インフレ政策の導入（ドルの切り下げ）にある。金本位制（兌換紙幣制度）の下では、政府が発行する紙幣の総額は政府が保有する金の量によって制限されるため、インフレ政策や積極的な財政政策を導入するには政府が金を保有している必要があった。ルーズベルトは、恐慌から脱出するには金融緩和と財政出動が有効だと考え、金の徴収に踏み切ったのである。そして、金に対するドルの価値を一トロイオンス＝二〇・六七ドルから三五ドルに引き下げる形でインフレ政策を導入した。

金の没収をともなったこのインフレ政策は、現代のＱＥ（量的緩和）にも通じる。というより、リーマン・ショック後の積極的な金融緩和は当時の教訓を基に講じられた。リーマン・ショック時にＦＲＢ（米連邦準備制度理事会）の議長を務めていたベン・バーナンキ氏は、「グレート・リプレッション・パフ」（大恐慌マニア）を自認するほど大恐慌の歴史に精通する。大恐慌研究の第一人者として知られ、リーマン・ショックの対応にその教訓を生かした。「バーナンキ議長はプリンストン大学で教鞭をとっていた時代、一九二九年のニューヨーク株大暴落に伴う大恐慌を研究して、そこからの脱出に最も効果があった政策として、フランクリン・ルーズベルト大統領が一九三三年の就任直後に実施したドル切り下げを挙げていた」（二〇一五年一〇月七日付米ブルームバーグ）。

歴史の教科書などには、「ニューディール政策が大恐慌から米国を救った」などと記載されていることが多い。ただし、現在でもその評価は割れている。「ニューディール政策はイタリアのムッソリーニの経済計画から着想を得た社会主義政策」と否定する向きも少なくない。

その理由の一つが、如何なる事情があったにしろ政府が金を没収したという事実にある。米フロストバーグ州立大学のウィリアム・アンダーソン教授は、論文で「フランクリン・ルーズベルト大統領時代は、傲慢とあからさまな詐欺によって特徴づけられた。残念なことに、彼の遺産はまだ残っている。何人もの歴史家が今日も彼の経済計画が『資本主義を救った』と主張しているが、実際には財産の没収とインフレが繁栄の源であるという間違った概念に基づいたものであった。（中略）歴史家は一九三三年の金の没収を、小さな過去の出来事とみなすかもしれない。しかしながら、それは多くの点において他のニューディール政策を合わせたものと同じくらい極めて重要なものであった」と指摘。「金の没収」という負の歴史を過小評価しないよう、忠告している。

確かに、金の保有者からすればこんなにも酷な政策などない。実際、財産権の侵害という事態に多くの資産家が反発した。金地金を大量に保有していた資産家が、慌てて金をスイスなどの国外へ運び出したという文献も数多く残っている。また、金を隠し持った資産家も多くいたようだ。

一方、ニューディール政策が景気の悪化に多少なりとも歯止めをかけたのは事実である。実際、ルーズベルトの登場によって米国の失業率は一九三三年をピークに下落へ転じた。一九三六年には、米国の国民所得（一人当たり）は恐慌前の水準にまで回復している。バーナンキ氏などの肯定派はこのような点に着目して、「ルーズベルトは大恐慌から米国を救った」と評価しているのだ。

ところが、米国は一九三七年に再びリセッション（景気後退）に見舞われている。いわゆる、「ルーズベルト不況」だ。不況に転落した原因については諸説あるが、「金融の引き締め」と「財政の健全化」の二つが主因であった可能性が高い。要は、インフレ政策の反動が起きたのだ。ニューディール政策によって、一九三六年頃の米国ではインフレが顕在化。インフレを鎮静化させるため、ＦＲＢ（米連邦準備制度理事会）は一九三六年に金融政策を転換。緩和から引き締めに動いたのである。また、公共工事の増加や銀行の救済などによって一九三三年から米国の財政赤字は急速に拡大。そのため、債務危機を懸念したルーズベルトは大幅な予算の削減を選択する。

こうして米国は再びリセッションに突入した。一九三八年には失業率が四％も上昇。実質ＧＤＰ（国内総生産）は一一％も減少した。今になって考えると、インフレ政策と財政赤字に依存した景気の拡大（一九三三年─一九三六年）は、「偽りの夜明け」であったと言える。少なくとも米国は、第二次世界大戦の戦争特需に沸くまで真の意味で復活を遂げることはなかった。ＮＹダウ平均が一九二九年の水準を回復したのは、三五年後（一九五四年）のことである。

世界的にファシズムが台頭する

米国が「ブラック・サーズデー」（一九二九年）、「グレート・ディプレッション」（一九三三年）、そして「ルーズベルト・リセッション」（一九三七年）という激動の時代に翻弄されている時、米国の外ではそれよりも恐ろしい事態が進行していた。そう、「ファシズム」（＝軍国主義）の台頭である。

米国の不況が本格的に世界へ伝播したのは、一九三一年のことだ。きっかけは、オーストリアの大手銀行クレジットアンシュタルト（現オーストリア銀行の前身）の破綻であったと言われている。それまでも米国の株価暴落は世界中に波及していたが、当時は株式市場の役割が現在よりも格段に小さく、信用収縮（不況）の連鎖に留まっていた。それがクレジットアンシュタルトの破綻を契機として、金融危機の連鎖が世界を席巻する。クレジットアンシュタルトを

1925～1942年のGDP

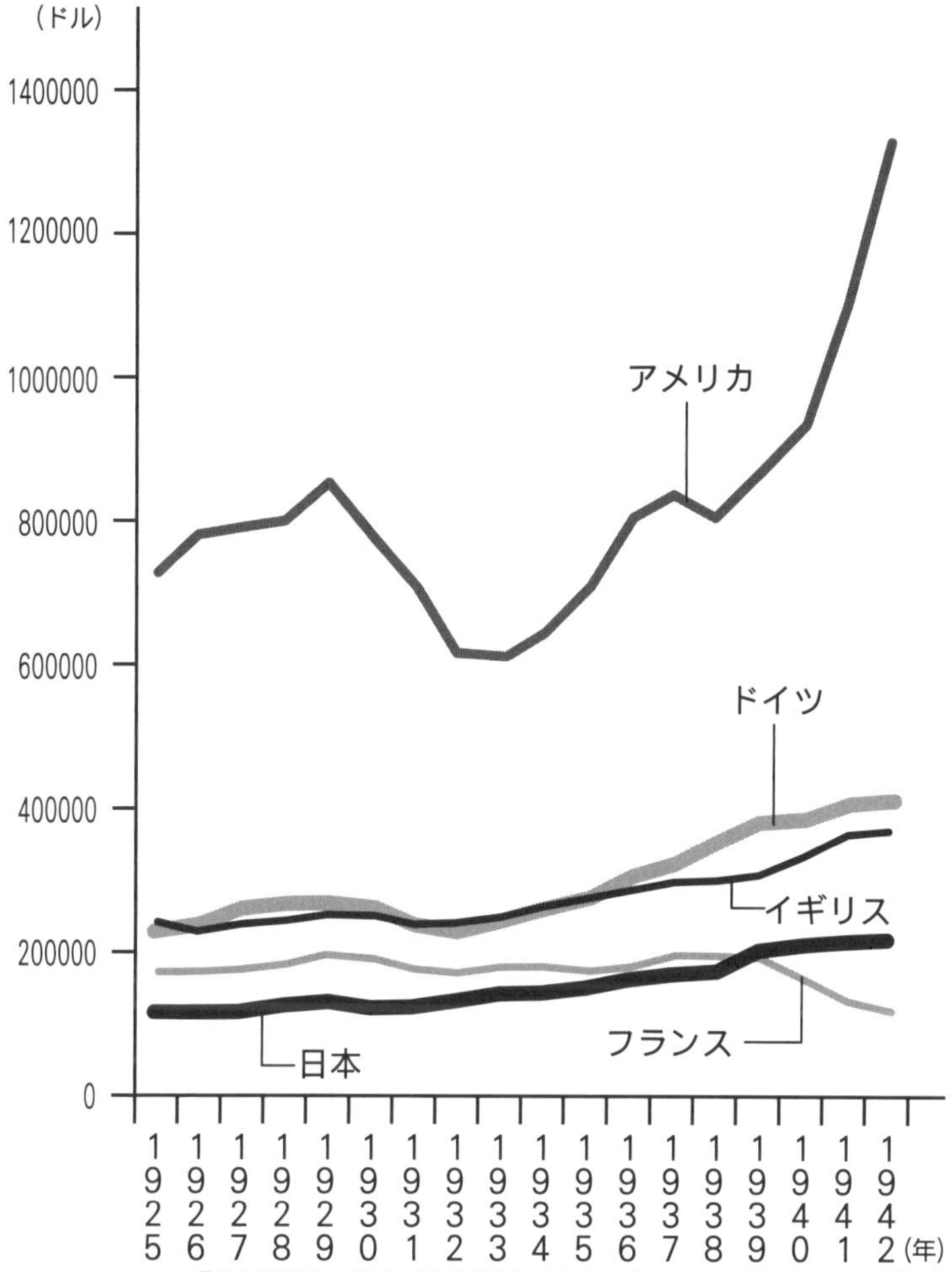

「経済統計で見る世界経済 2000 年史」の資料を基に作成

皮切りに、次はドイツの大銀行ダナートが破綻。これにより、ドイツはすべての銀行が閉鎖されるという事態にまで追い込まれた。そして、今度はドイツの金融恐慌が欧州全土に波及する。

ご存知のように、一九二〇年代―一九三〇年代初頭のドイツは、第一次世界大戦による多額の戦後賠償と債務を背負っていた。それでも経済がなんとか成り立っていたのは、世界最大の債権国であった米国の間接的な支援（ドーズ案）のおかげである。そのため、ドイツは米国の景気後退からもっとも深刻な打撃を受けた。ドイツ復興のために流入していた米国資本が一九二九年から相次いで撤退。ドイツの復興は完全に挫折した。失業率は四〇％に達し、企業も次々と倒産。そして、クレジットアンシュタルトとそれに続くダナートの破綻によってドイツ経済は完全に崩壊。その結果、国家社会主義ドイツ労働者党（ナチス）が台頭した。ヒトラーがドイツの首相に任命されたのは、一九三三年一月のことである。

他方、ここ日本も一九二〇年代―一九三〇年代は不況に喘いでいた。日本はドイツと違って第一次世界大戦の戦勝国であったが、その後のたび重なる不運によって戦前のほとんどの期間で景気は低迷している。最終的には一九三〇年代の昭和恐慌によって拡張主義の道を歩むこととなった。

昭和恐慌のきっかけは、第一次世界大戦後の戦時バブル崩壊にまで遡る。第一次世界大戦の時でこそ日本は戦争特需に沸いたが、戦後、欧州の輸出品がアジアを席巻したことで日本の貿易は著しく停滞。一九二〇年には、戦争特需の反動と言える「戦後恐慌」に直面した。この戦後恐慌は、やがて金融危機（一九二二年）にまで発展する。そして、一九二三年には関東大震災が起こり再び恐慌へ陥った（震災恐慌）。一九二七年には取り付け騒ぎが発生（昭和金融恐慌）。そこから立ち直りかけた矢先の一九二九年には米国発の株安が波及してきた。そして、一九三〇年から一九三一年にかけては（戦前では）最悪とまで言われた「昭和恐慌」に見舞われる。

大恐慌のあおりを受けた一九三〇年頃の日本経済は、当時の米国と同様、生産・設備が過剰になり物価が大幅に下落。深刻なデフレは大量の失業者を出した。状況を重く見た高橋是清蔵相（当時）はインフレ政策を実行する。この「高橋財政」によって、日本経済は一時的に浮揚することとなった。しかし、このことが軍部の台頭を許すこととなる。

高橋財政の特徴は、一時的に国債を日銀に引き受けさせることを容認して積極財政を計ることと、円の切り下げによってデフレを脱却しようというものだ。ところが、この積極財政が軍拡を後押ししてしまう。高橋は（財政ファイナンスによる）軍事費の膨張が過度なインフレを招くと反対したが、軍部と対立したことで不遇にも暗殺されるに至った（二・二六事件）。これにより軍部の発言力がさらに増すこととなる。

一方、高橋財政（円の切り下げ）によって日本の輸出は大幅に増加したが、これに米国や英国、フランスなどが反発。国家規模での不当廉売（ソーシャル・ダンピング）だと日本を糾弾した。そして、対抗策として米英仏などは保有する植民地との経済協力関係を強化する「ブロック経済」を構築。世界市場から日本を締め出すことに腐心した。

ブロック経済が進展するにつれ、日本は窮地に陥る。そして、日本もその対抗策としてアジア進出を加速させることとなった。時を同じくして、植民地や資源の少ないドイツやイタリアなども経済が困窮化。国内で軍国主義が台頭していたこともあり、対外拡張主義にひた走ることとなる。

米国に端を発した世界恐慌は、こうした「持てる国」（＝米英仏など）と「持たざる国」（＝日独伊など）の軋轢を深刻化させた。そして、世界は最終的に死者六〇〇〇万人、難民六〇〇〇万人という未曾有の被害を出した第二次世界大戦を経験することになる。

現代は世界恐慌から世界大戦までの時代と酷似している

一九二九年の株式大暴落が引き金となった大恐慌は、八年でさらに悪化した。第二次世界大戦が計り知れない規模の経済抑圧として機能した揚げ句に、世界経済はやっと回復した。六〇〇〇万人超が命を奪われ、ヨーロッパとアジアの多くの地域が廃墟と化した。現在の世界の状況は、これほどの危機に瀕しているわけではないが、類似点もある。とりわけ一九三七年のときと似ている。

（東洋経済二〇一四年九月二七日号）

二〇〇五年に発刊した著書『根拠なき熱狂』でサブプライム・バブルに警鐘を鳴らしたことで知られる米イェール大学のロバート・J・シラー教授は、現在の状況が第二次世界大戦につながったルーズベルト・リセッションの頃と酷似していると警告する。シラー教授だけではない。著名投資家のジョージ・ソロス氏やジム・ロジャーズ氏といったグローバル・マクロ戦略を得意とする投資家たちが、現在と当時の状況に不気味な類似点を見出している。

特筆すべきは、レイ・ダリオ氏の分析だ。ダリオ氏は、世界最大（資産規模二〇〇〇億ドル）のヘッジファンド運用会社ブリッジウォーター・アソシエーツの創業者として知られる。

そんなブリッジウォーター社の経済予測に関する一貫した哲学は、「同じことは何度も繰り返し起きる」（二〇一五年三月一八日付米ブルームバーグ）だ。ダリオ氏は二〇一五年三月一一日付の顧客向けレポートで、現在の世界経済には「一九三七年と同じような相場の大幅下落を引き起こすリスクがある」と警告。近年と一九三七年までの状況を比較した上で、金利のゼロへの低下、金融緩和による資産価格の高騰、米経済の回復といった点が類似していると指摘している。

ダリオ氏によると、景気サイクルを分析する上で重要なのは「債務」だ。債務による富の創造段階では景気が拡大、しかし債務が積もり返済に追われる段階になると景気は縮小。そして、債務の負担が軽減されると再び景気回復に向かうと説く。このサイクルには短期と長期の二つがあり、短期的なサイクルは五─八年、長期的なサイクルは七五─一〇〇年で一巡するというのがダリオ氏の持論だ。そして恐ろしいことに、二〇〇八年のリーマン・ショックは一九二九年からの長期的なサイクルが一巡した結果だと断じている。ダリオ氏のこうした分析を軽視するわけにはいかない。実際、現在と一九三〇年代の状況には無視できないほどの類似点がある。三七ページの図がその代表例だ。この他にも様々な点が類似している。挙げ出したらもはやキリがない。前出のシラー教授はこれらの類似点が「厄介な結果を招きかねない」と重度の警鐘を鳴らす。

結論からすると、私たちは世界がおよそ七〇—九〇年前に経験した恐慌から世界大戦という、すさまじい時代と酷似した時代を生きている可能性が高い。そこで、ここから先はリーマン・ショックから現在までを振り返り、さらにはこの先に起こり得る事態を予測してみよう。

サブプライム・バブルが金融危機へと繋がった訳

「よほど気を付けた方がいい。住宅市場は間もなく崩壊する」——サブプライム・バブルに米国のみならず世界中が踊っていた二〇〇六年一一月。あるヘッジファンド運用者が米国で第五位（当時）の投資銀行ベア・スターンズの「リスク管理委員会」（ニューヨーク）で弁を振るっていた。その男の名は、〝J・

1930年代と現在の類似点

① 壮大なバブルの崩壊

過去		現在
狂騒の20年代（株バブル）	≒	サブプライム・バブル（住宅バブル）

② インフレ政策と積極財政

過去		現在
米国のニューディール政策 日本の高橋財政	≒	FRBの量的緩和（QE） 日本のアベノミクス

③ 長期停滞

過去		現在
セキュラー・スタグネーション（長期停滞）	≒	ニュー・ノーマル（長期停滞という新常態）

④ ブロック経済

過去		現在
植民地同盟（ドル・ブロック/ポンド・ブロック）	≒	関税同盟（TPP/FTA）

⑤ 覇権国の衰退

過去		現在
英国の衰退/ドイツの台頭	≒	米国の衰退/中国の台頭

⑥ ナショナリズム

過去		現在
ファシズムの台頭（日独伊）	≒	失地回復主義の台頭（中露）

カイル・バス〟。バス氏が熱っぽく語っていたのは、自説である「住宅市場の崩壊」。そして、バス氏は住宅市場崩壊に賭ける投資を売り込んだ。その当時、ベア・スターンズは一五〇億ドル（一兆五〇〇〇億円）ものサブプライム・ローン関連の金融商品を保有。莫大な利益を上げていた。

しかし、最高リスク責任者は決してバス氏の話を信じようとはしない。その証拠に、責任者はバス氏が会議室から出る際、こう告げている――「面白いプレゼンテーションだった。君が間違っていることを祈るよ」。

「狂騒の二〇年代」からおよそ八〇年が経った二〇〇〇年代、米国は再び壮大なバブルに突入していた。「バブルは違う顔でやってくる」と言うように、当時の主役は株ではなく不動産であった。四一ページの図を見ればわかるように、当時米国の住宅価格は大恐慌の時を除いて中長期的な下落トレンドに転じた試しはない。そのため、日本のバブル時と同じように「住宅神話」が存在していた。

そこに「サブプライム・ローン」が登場する。一九九〇年代のことだ。サブプライム・ローンとは米国の低所得者向け高金利型の住宅ローンである（中所得者向けの住宅ローンはプライム・ローン）。従来、米国では移民などの低所得者は住宅ローンを組むことができなかった。しかし、サブプライム・ローンが登場したことにより「持家」といった概念が低所得層にも広がっていく。

サブプライムは高金利型のローンだが、それでも二〇〇〇年代初めの米国の金利は相対的に低かった。当時は世界的な「ＩＴバブル崩壊」に加え、アルゼンチンのデフォルト（債務不履行）、さらには米国での「同時多発テロ」といった事件が立て続けに起きたため景気が低迷。結果としてＦＲＢの低金利政策が長期化することとなった。この長きに渡る低金利こそが、住宅市場を壮大な熱狂へと導くこととなる。

ところで、このような低金利の長期化は多くのケースでバブルを誘発してきた。たとえば、「永遠の繁栄」ともてはやされた一九二〇年代の時も低金利の長期化がバブル形成に寄与している。本章の冒頭では、第一次世界大戦の戦争特需を背景に米国は好景気に沸いたと記したが、バブルを醸成した原因はそれだけではない。二〇〇〇年代初頭と同じように、一九二〇年代のＦＲＢは金利を低めに誘導し過ぎた。インフレ率が低かったことから、低金利の長期化が正当化されたのである。結果、信用ブームを招き、不動産市場や株式市場で投機バブルが横行することとなった。そして一九二〇年代末、ＦＲＢが金利を引き上げたことにより資産市場は崩壊している。

話を戻そう。サブプライムの大きな問題は、「住宅価格が上がり続ける」ことを前提にローンを構築していたこと。前述したように、米国の住宅価格は一九二九年の大恐慌を除けば下落基調に転じたことは一度もない。サブプライム・ローンのおよそ七割は、最初の二年間が固定金利でそれ以降は変動金利となる仕組みであった。そのためローン会社は二年経った段階で値上がりした住宅を担保にすれば、より有利（低利息）なローンへ乗り換えることができると低所得者を勧誘。実際に不動産価格も上昇基調にあったため、多くの債務者がより有利なローンへの借り換えに成功する。また、各ローン会社は「仮にローンが滞っても購入した住宅を売れば必ず完済できる」とことさらに安全性を強調した。そうしたローン会社の努力により、多くの低所得者がローンを背負うこと

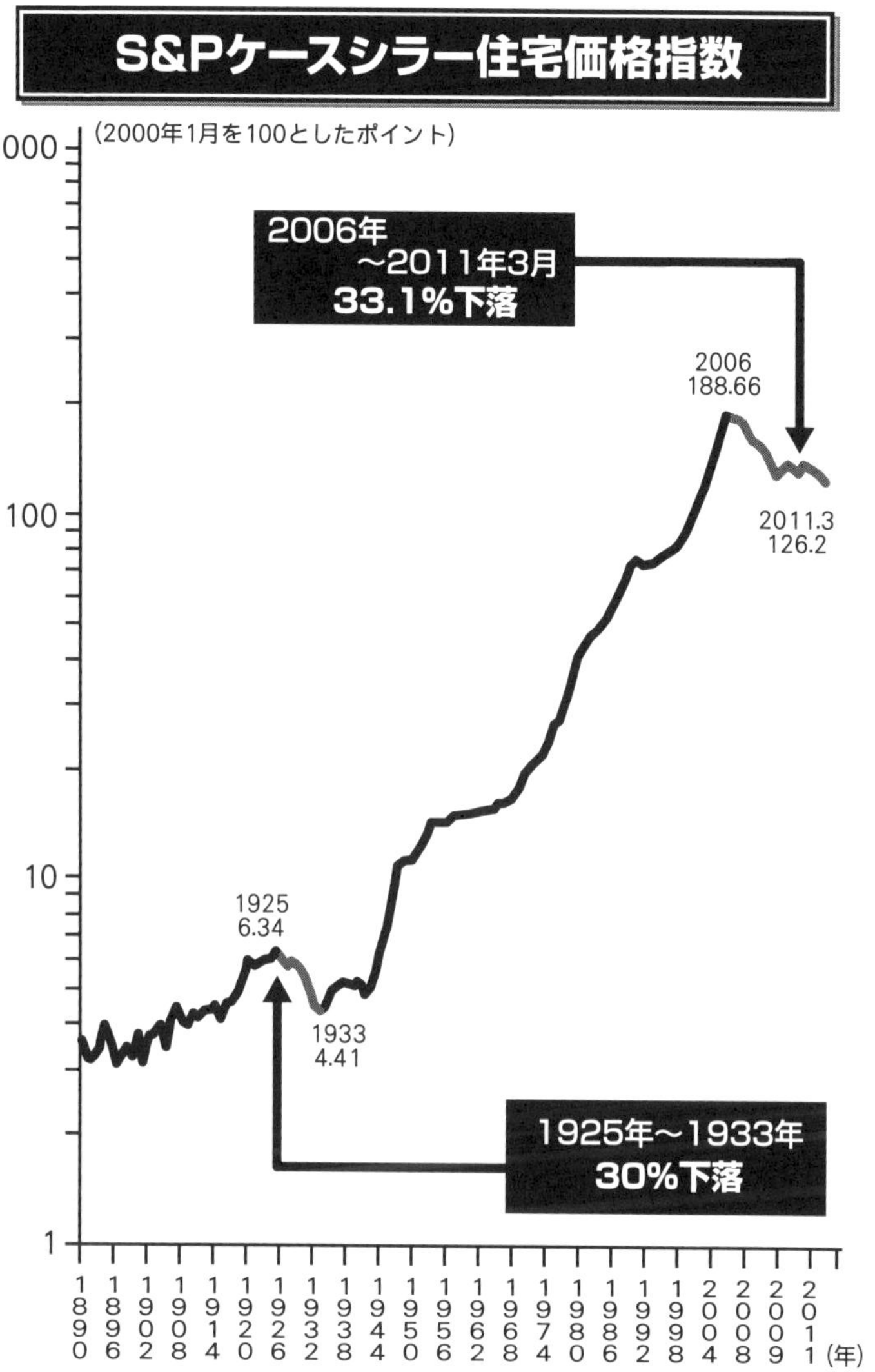

「S&P ケースシラー住宅価格指数」を基に作成

となる。中には年収二〇〇万円ほどの人が住宅ローンを組んだ例もあった。

のちにサブプライム・バブル崩壊に関連した取引で巨万の富を得ることとなる前出のカイル・バス氏は、「二〇〇二年頃から先進国の多くで偽ブームというべき状況が発生していた」と当時を振り返る。バス氏のキャリアは奇しくも、サブプライム・バブル崩壊によって破綻した米投資銀行ベア・スターンズで産声を上げた。その後、米運用大手レッグ・メイソンに転職。この二つの会社では、主にディストレスト戦略（イベントドリブン戦略の一種。米国破産法一一条の適用された企業や、財務内容が悪化した企業の発行する債権を割安な価格で購入し、その企業の信用力が回復する過程で、値上りした債権を売り抜く戦略）に携わっている。

二〇〇五年末、レッグ・メイソンがバス氏の担当するビジネスを売却したのを機に、米テキサス州ダラスに拠点を置く「ヘイマン・キャピタル・マネジメント」を設立。翌年にはサブプライム・ローン関連の「合成債務担保証券」（シンセティックCDO）を空売り。一億一〇〇〇万ドルの初期投資をおよそ七億ドルに増やし、一夜にして投資業界の一線へと躍り出た。

ところで、日本人の中にはサブプライム・バブル崩壊と二〇〇八年のリーマン・ショックを混同している人が少なくない。しかし、リーマン・ショックは米国内の問題であったサブプライム・バブル崩壊を世界へと伝播させる役目を果たしただけだ。すなわち、リーマン・ブラザーズの破綻は、サブプライム・バブル崩壊における一つの象徴的な出来事にすぎない。

では、なぜサブプライム・バブル崩壊は深刻な金融危機（リーマン・ショック）へと繋がっていったのだろうか？　その答えは、「金融工学はすべてのリスクをヘッジする」（証券化）というその当時に流布されていた神話にある。実は、サブプライム・ローンが盛り上がった背景には「不動産神話」の他にもう一つ大きな要因があった。それは、「証券化」（資産を裏付けにして有価証券を発行して流動化させること）である。「住宅ローンの証券化」と聞くと、なにやら難しく感じるかもしれないが、「借用書を自由売買させること」だと単純にイメージしていただきたい。

当時は主要先進国が横並びで金融緩和を実施していたため世界的に深刻なカネ余りが生じていた。そのため、投資先不足に悩んでいた投資家たちは国債などよりも金利が付くサブプライム・ローン関連の金融商品に殺到した。こうして、「世界中の機関投資家→住宅ローン会社→低所得者」というのちの金融危機に結び付く構図ができ上がった。

「サブプライム」という名前には、今でこそ危険な投資先というイメージが付きまとっている。しかし、それはあくまでも後付けに過ぎない。当時は、極めて安全性の高い商品だと広範に認識されていたのだ。

サブプライム関連の商品として代表的なのが、G5（＝グループ・オブ・ファイブ。ドイツ銀行、ゴールドマン・サックス、ベア・スターンズ、シティ、JPモルガン・チェースの五社の会合）によって設計された「合成債務担保証券」（シンセティックCDO）である。このシンセティックCDOには、高リスクであるサブプライム・ローンのリスクを軽減させるため信用度の高い公社債などが組み込まれていた。そのため、多くの投資銀行が「高リスクのサブプライム・ローンでも高格付けの金融商品と混ぜればリスクはほぼ無くなる」と吹聴。そこに大手格付け機関までもが同調したことで、「金融工学はすべてのリスクをヘッジする」という安全神話が生まれた。

このシンセティックＣＤＯは、資本市場で空前のヒットを飛ばす。米国の不動産市場へかつてない規模の資金が流入したと同時に、証券化されたことでその証券を購入した投資家にリスクの一部が転嫁された。浮かれる市場の水面下で、リスクが世界中へ伝播していったのである。これが二〇〇五年のことだ。

その一年前（二〇〇四年）にはＦＲＢが景気の過熱感に対処しようと、金融政策を引き締めに転換させている。それでも、市場の過熱感が収まることはなかった。二〇〇六年にもなると、利息が上がるタイミングでより金利の低いローンへ借り換えることができない人たちが続出。一部の地域では差し押さえも表面化していた。それでも、ほとんどの人たちは悪いニュースに耳を貸そうともしなかったのである。「金融工学はすべてのリスクをヘッジする」という神話はそれほど絶大な効力を持っていた。しかし、その直後に米国は大恐慌の再来に怯えることになる。

前出のカイル・バス氏は、二〇〇六年には住宅市場の崩壊を確信していた。そして同年八月頃に空売りの対象を絞り始める。そして、カリフォルニア州オレンジ郡に拠点を構える住宅ローン会社「クイック・ローン・ファンディング」に辿りつく。代表者はダニエル・サデックという人物だ。バス氏は同社を徹底的に調べ上げて、次のような結論を得る――「この会社のローンを裏付けとしたシンセティックCDOを、空売りすべきだ」。

バス氏は大急ぎで投資家を勧誘。合計で一億一〇〇〇万ドルの資金をかき集め、住宅価格が大恐慌以来では初めて下落に転じるという大勝負に打って出た。バス氏はレバレッジ効果を生かして二〇〇七年二月までにおよそ一二億ドル相当のシンセティックCDOを空売り。世界の金融機関が約八〇〇億ドル（約八兆円）超の評価損を出すなか、バス氏はおよそ六億ドルの利益を叩き出した。

そして、バス氏が予想したようにサブプライム・バブルは二〇〇七年には完全なる崩壊を迎える。同年三月には、サブプライム関連の商品を多く保有していたベア・スターンズが実質的に破綻。そして二〇〇八年九月には、ご存知のようにリーマン・ブラザーズが破綻するに至った。負債総額にして六四兆円という歴史上最大の破綻劇はすぐさま世界中に連鎖。「一〇〇年に一度」とまで言われた金融恐慌をもたらした。そして、世界はグレート・コントラクション（大収縮）に突入する。

余談だが、サブプライム・バブルを見抜いたバス氏は、その功績が称えられ二〇一一年に米ＣＮＢＣのシニア・エディターであるジョン・カーニー氏による「全時代の投資家ランキング」で第一位に選出された。世界恐慌で名を馳せたジェシー・リバモアや英ポンド危機で知られるジョージ・ソロスといった著名投資家を抑えての一位であった。

景気後退ではなく大収縮

「景気後退とは違い『大収縮』は非常にまれな出来事であり、おそらく七〇年か八〇年に一度しか起こらない」（東洋経済二〇一一年九月一七日号）――国際金融の権威であり、『国家は破綻する』の著者としても知られるケネス・ロゴフ米ハーバード大学教授は、リーマン・ショックを「危機の脱出後に一定の回復が見込めるグレート・リセッション」（大不況）ではなく「影響が長期にわたるグレート・コントラクション」（大収縮）と捉えるべきだと断じる。

これは同氏が八〇〇年間におよぶ金融危機の歴史を丹念に調べた上で導いた結論だ。金融危機の歴史に精通するロゴフ氏は二〇〇九年の時点で、その二、三年後から世界中でソブリン（国家債務）危機が起きると断言。また、二〇一五年までに中国が危機に陥ると予想していた。

同氏の予想は、ほぼ的を射ている。二〇〇八年を起点にすると、その二年後の二〇一〇年から欧州で債務危機が表面化。そして、二〇一五年には中国経済のバブルが崩壊している。これは一九二九年のブラック・サーズデーを起点にした、一九三一年の欧州金融危機（クレジットアンシュタルト破綻）、そして一九三六年―一九三七年の利上げショック（ルーズベルト・リセッション）というタイムラグとほぼ同じだ。極めて不気味な類似である。

一方、リーマン・ショックと一九三〇年代を比較するのはナンセンスだという指摘も少なくない。「今回は違う」というわけだ。そうした楽観派の多くは、その根拠として「金融政策の違い」を挙げる。たとえば、ベン・バーナンキ前ＦＲＢ議長の主張が有名だ。先にも述べたが、「グレート・リプレッション・パフ」（大恐慌マニア）を自認するバーナンキ氏は大恐慌研究の第一人者として知られている。そんなバーナンキ氏は、偶然にも任期中にリーマン・ショックと遭遇した。そこで同氏は大恐慌に教訓を見出す。それが一連の強力なインフレ政策だ。

ＦＲＢは危機の直後、従来では考えられないような緩和策を相次いで投入している。二〇〇八年一一月には中央銀行であるＦＲＢが住宅ローン担保証券（ＭＢＳ）を大量購入する「量的緩和」（ＱＥ）、その翌月には、米国では史上初となるゼロ金利政策を導入。さらには、政策の先行きを明示する「フォワードガイダンス」といった手法を取り入れた。ＱＥも一度ではなく、二〇一〇年一一月に「QE2」と二〇一二年九月に「QE3」と三回に亘って発動している。

思い起こすと、大恐慌の時も一九三三年にルーズベルト大統領（当時）がドルを切り下げた。しかし、それは危機が勃発してから四年後のことである。そのため、「もっと早い段階でドルを切り下げていれば恐慌は回避できた」というのがバーナンキ氏の持論だ。同氏は、今回は危機の直後にインフレ政策をしたために世界恐慌の再来を防げたと主張する。結果はどうか？　確かに景気（指標）の悪化という観点では、一〇〇年に一度とまで言われたリーマン・ショックでさえも大恐慌に比べると見劣りする。

代表的なのが、景気の温度をもっとも敏感に示す失業率だ。大恐慌の時は一九二九年から一九三三年の四年間で失業率は約三％から約二五％にまで上昇している。今回は二〇〇七年の四・六％を起点にして二〇一〇年には九・六％まで上昇したが、それをピークに下落へと転じた。現時点（二〇一五年）では五％台まで下がってきている。ＧＤＰ（国内総生産）も、一九二九年の時は三年間でおよそ三割も減少した。一方、リーマン・ショックの時は二〇〇八年と二〇〇九年こそマイナス成長を記録したが、二〇一〇年にはプラスに転じている。消費者物価も然りだ。大恐慌の時は三年間で約二〇％も下落したが、今回は二〇〇九年にマイナス〇・三％を記録しただけでその他の年はすべてプラスで推移している。当時のような深刻なデフレが回避されたのは確かのようだ。

しかし、先の危機を軽視してよいかというと決してそうではない。米国を筆頭に先進各国が実施した（もしくは現在も実施している）一連のインフレ政策は、単に時間を稼いでいるに過ぎない。問題の本質は別にある。

危機の本質は「債務の増加」

先にレイ・ダリオ氏が指摘したように、危機の本質は「債務の増加」だ。その債務はリーマン・ショック後も減るどころか、大幅に増加している。むしろ長引く低金利政策が、過去最大規模の債務バブルを醸成している可能性が高い。「誰もが『今回は違う』と願いたい。だが、目の前の現実は、生易しくない」

（二〇〇九年一〇月二二日付ダイヤモンド・オンライン）――前出のケネス・ロゴフ米ハーバード大学教授はリーマン・ショックの翌年、今回も大恐慌のそれと同じコースを辿っていると戒めている。教授は「一九三〇年代の大恐慌の後には、一九五〇年代初めまで世界各地で対外債務、対内債務のデフォルトがずるずると続いた。（中略）この間、実に世界の半分近くの国が政府債務の不履行もしくはリスケジューリング（債務返済繰り延べ）に追い込まれたことが分かっている。一九八〇年代初頭のコモディティ相場の崩落もその後、ラテンアメリカ諸国を中心とするデフォルトの増加につながった。古くは、ナポレオン戦争後の一九世紀初頭の混乱期にも、多くの国がデフォルトしている」と過去の歴史を紹介。その上で、「周知のとおり、主要国の多くが今、そのコースを辿っている。債務が膨らみ、不況が長引き、その後各地で高インフレや金融逼迫が同時多発した過去と今回だけは絶対に違うと、誰がどうして言い切れるだろうか」とリーマン・ショックの影響を過小評価しないよう忠告している。

さきほども指摘したように、債務という問題の本質は何ら解決していない。

むしろ、恐るべきペースで悪化している。おそらく、一九三七年にインフレ政策の反動で米国がリセッションに見舞われたように、現在の不気味な平静さは「偽りの夜明け」である可能性が高い。

国際的なコンサルタント会社である米マッキンゼー・グローバル研究所によると、世界全体の債務（総額）は二〇〇七年─二〇一四年の間におよそ五七兆ドルも増えた。債務の総額は一九九兆ドルに達する。日本円にして二京四〇〇〇兆円という途方もない規模だ。二〇〇七年の債務総額が一四二兆ドルであったことを考えると、債務が加速度的に増加していることがわかる。

通常、経済危機が起こるとその後は数年間に渡って世界的にデレバレッジ（負債圧縮）が進むものだ。しかし国際決済銀行（ＢＩＳ）によると、リーマン・ショック後の世界はそうした歴史の法則に逆らっている。まさに大恐慌の時の米国と同じだ。現在は米英の金融セクターを除けばデレバレッジが進んでいないどころか、公的部門、企業部門、家計部門といったすべてのセクターで債務の膨張が続いている。今は低金利政策によって債務の増加はそれほど問題視されていないが、これは間違いなく次なる危機の火種となるはずだ。

また、低金利政策は債務の増加を促すと同時に資産バブルを醸成している可能性が高い。現在の世界経済は、多くの国でリーマン・ショック以前の経済成長率を回復していないのにもかかわらず、スイート・スポット（ありとあらゆる資産価格が高騰している状況）を謳歌している。一部先進国の株式、不動産、そしてアジアを中心とした新興各国の不動産や株式。さらには、主要国の国債や社債などがその代表例だ。成長率が上向いていないにもかかわらず、資産価格が高騰している最大の理由は、各国の金融緩和政策にある。リーマン・ショック以降は先進国・新興国の両方で実質的な通貨の切り下げが実行された。通貨価値が減価すれば、資産価格は自ずと上昇する。

英ロイター通信のコラムニストであり、「FRBの金融緩和（QE）が世界恐慌の再来を防いだ」と主張するバーナンキ前FRB議長を真っ向から否定するエドワード・キャンセラー氏は、自身のコラム（二〇一五年一〇月一五日付）で、「（一九二〇年代の）歴史は繰り返す。低金利に背中を押され、投資家は再びなり振り構わず利回りを追い求めている。（中略）低金利を温床にして数兆ドル規模の世界的キャリートレードが行われ、金融的脆弱性が新興国市場へと輸出されている」と指摘。金融危機の傷を違うバブルを作ることによって後世に先送りにするといったバーナンキ氏が打ち出した金融緩和を批判。私たちは大恐慌の歴史から何も学んでいないと断じている。

しかし、バブルは必ず弾けるものだ。バブルが弾ければ、リーマン・ショックの時と同じように各国政府は財政出動によって対応せざるを得ない。ところが、一部の高債務国はすでに救済する能力を失っている。

金融政策の乱発は時間稼ぎにすぎない

「世界経済は救命ボートなしで大海原に放り出されたようなものだ」――英HSBCでチーフ・グローバルエコノミストを務めるスティーブン・キング氏は、二〇一五年五月に発表したレポートでこのように世界経済の現状を喩えた。同氏は欧州でも五本の指に入るエコノミストだと評されている。キング氏は「主要先進国では軒並み金利ゼロパーセントに達し、債務レベルが記録的に最悪な状態にあり、また金融刺激策を講じる余地も殆どないことから、世界の金融当局が次に起こるであろう金融危機に対して、驚くほど何もできない状態である」と危機感を表した。現在の状況をタイタニック号にたとえて「救命ボートのない外洋客船が巨大な氷山に向かって突き進んでいるようなものだ」だと断じている。

二〇一五年でリーマン・ショックから七年が経過した。確かに一九三〇年代ほどの衝撃は金融政策が発達したおかげで今のところは回避されている。しかし、何度も繰り返すが金融政策の乱発は単に時間を稼いでいるに過ぎない。むしろ、債務に依存した資産バブルを生み出している。

注意すべきは経済恐慌だけではない。一九三〇年代と同様、一部の国家ではナショナリズムが台頭している。極めて警戒すべき兆候だ。最悪の場合、恐慌と戦争という悲惨な歴史が繰り返される可能性がある。

全世界的な失地回復主義の台頭。第三次世界大戦の兆候か⁉

二〇一五年九月三日、北京。天安門広場で開催された軍事パレードの最中、二〇〇人の儀仗隊員が共産革命の殉国烈士を祀る民族英雄記念塔から五星紅旗の掲揚台まで歩行する場面があった。パレードを中継したＣＣＴＶ（中国国営中央テレビ）によると、その際の歩数は「一二二」。ＣＣＴＶの解説によれば、この一二二という数には「日清戦争が勃発した一八九四年からの一二二年間」という意味が込められている。一二一年間の〝苦難〞を象徴しているという。

一八四〇年のアヘン戦争を境に、中国人には「东亚病夫」（＝東アジアの病人）という蔑称が定着した。この言葉は現代でも中国を蔑む際に用いられことがある。そして、今回の軍事パレードには中国共産党の次のようなメッセージが明確に込められていた──「中国はもはや東アジアの病人ではない」。また、「二〇〇」という儀仗隊の人数にも中国共産党のあるメッセージが込められている。それは、中国夢（＝中華民族復興）に関連した「二つの一〇〇年目標」だ。言わば、中国版「国家百年之計」である。

軍事パレード当日にＣＣＴＶが解説した「一〇〇年目標」の一つは、中国共産党の結党一〇〇年となる二〇二一年までに小康社会（衣食住にゆとりが持てる社会）を実現するというもの。二つ目は、建国一〇〇年となる二〇四九年までに裕福な先進国になるという目標だ。ただし、これはあくまでも国内に向けた共産党のメッセージでしかない。実は、中国共産党は対外的な「国家百年之計」も持っている。このことは日本ではほとんど知られていない。

その一つは、共産党の結党一〇〇年となる二〇二一年までに東アジアで覇権を確立するというもの。さらには建国一〇〇年となる二〇四九年までに米国と並ぶ世界的な覇権を確立するという目標を掲げている。

習近平国家主席の任期は、現在の予定では二〇二二年だ。そのため習氏は、任期中に東アジアの覇権を確立するという任務を背負っている。当の本人もやる気だ。ご存知の通り、習氏は今までの指導者よりも東アジアの覇権に対する野心をむき出しにしている。

中国共産党の「失地回復主義」は本物だ。国民からの求心力を高めるためだけでなく、本気で米国が主導する国際秩序に挑戦しようとしている。こうした動きを見せているのは何も中国だけではない。先のソ連崩壊を二〇世紀で最大の悲劇だと言うウラジミール・プーチン大統領が率いるロシアもそうだ。

思い出して欲しい。なぜ、二〇〇〇年にまったくの無名であったプーチン氏が大統領の座に就くことができたのかを。それは、「国家の再生」と「大国ロシアの復活」を掲げたからに他ならない。ウクライナ危機を見るまでもなく、プーチン氏は本気で「ソ連崩壊の歴史を書き換えようとしている」（米ウォールストリート・ジャーナル）。それも武力によってだ。先にロシアがシリア情勢へ介入したことで話題となったが、これはロシア（旧ソ連）の対中東拡張政策が復活したことを意味する。そしてロシアの最終的な狙いは、米国への反撃だ。

「ロシアは、米国が各地で気に入らない政府を転覆させようとしている他、ウクライナなどの旧ソ連諸国の民主化運動を陰で操っているとみており、これに対抗することに固執している。その世界観からすれば、米国の最終的な標的はロシアとなる」（二〇一五年一〇月二一日付米ウォールストリート・ジャーナル）。記事が言うように、米露に中国を加えた三つの大国はお互いのことを「修正主義者」だと認識しているのだ。英フィナンシャル・タイムズ（二〇一五年一〇月一三日付）も「米国は、ロシアや中国の領有権主張は世界秩序への挑戦だと考えている。

ところがロシアは、世界の秩序を本当に乱しているのは、ウクライナやシリアといった国々で『レジームチェンジ（体制転換）』を後押ししている米国だと主張している」と指摘する。中国に関してもそうだ。記事は「中国政府もロシア政府も、もし米国の力に抵抗しなければ最終的には自分たちも、米国が支援するレジームチェンジの餌食になりかねないと真剣に恐れている」と断じる。実際、中国では自由貿易を謳ったTPPといった関税同盟も（米国の）封じ込め策の一環と捉えられているほどだ。こうした大国間の疑心暗鬼は、さらなる大規模な紛争を誘発する可能性を秘めている。

もちろん、失地回復主義や修正主義が跋扈しているのは大国に限った話ではない。恐ろしいことに、崩壊寸前の中東でも暴力の源が修正主義的な考えから発せられている。ご存知のように、現在の中東ではイラクとシリアを跨って勢力を拡大させているイスラム国が西側世界への侵攻を画策中だ。イスラム国と対峙するトルコのエルドアン大統領でさえもオスマン帝国の復活を夢見ている。独裁化を目指すシシ大統領が率いるエジプトでも、大国意識の復活と共に米国への反発が起き始めた。彼らは、西側諸国が勝手に国境を分割した以前の姿に中東を戻そうとしている。それに宗派対立や民族対立、さらには大国の思惑が加わり、もはや中東情勢は収拾不能に近い。

「国際関係で最も過小評価されている力、それは屈辱感である」（二〇一五年三月一〇日付英フィナンシャル・タイムズ）。日本人からすると失地回復主義や修正主義と聞いてもピンと来ないかもしれない。しかし、私たちが想像している以上に国家というものは感情で動くものだ。現に中露や中東の一部は、かつて米国（西側諸国）から受けた屈辱を原動力としている。

第二次世界大戦の前にドイツでナショナリズムが台頭したのも、屈辱感によるものだ。そこに英国などが抱いた戦争は起きないという楽観論が加わったために、のちの侵攻を許すこととなる。こうした歴史を参考にすると、世界中で失地回復主義が台頭していることは極めて危険な兆候だ。

「我々は第三次世界大戦の入口にいる」——著名投資家のジョージ・ソロス氏は二〇一五年五月、ブレトンウッズ会議（世界銀行）の場で聴衆にこう宣言した。ソロス氏は、中国と西側同盟の間に疑心暗鬼が生じている昨今の状況を悲観視。経済の減速によって中国でナショナリズムが高まる可能性に触れ、米国が中国の警戒を解く必要性を説いた。正直、米中露といった大国が互いに抱いている疑念が払しょくされる気配はない。こうした状態が続いていくと世界はどこかの時点で「トゥキディデスの罠」に陥るはずだ。

「トゥキディデスの罠」とは古代ギリシャの歴史家トゥキディデスが提唱した概念である。トゥキディデスは、紀元前五世紀に起きた覇権を巡るアテネとスパルタの戦争（ペロポネソス戦争）について「アテナイの勢力拡大に対するスパルタ人の不安が戦争を避けられないものにした」と分析した。「現在、トゥキディデスの罠は、新興の大国は必ず既存の大国へ挑戦し、既存の大国がそれに応じた結果、戦争がしばしば起こってしまうという意味で使われている」（二〇一二年八月二二日付英フィナンシャル・タイムズ）。

記事によると、過去一五〇〇年の間に新興大国が既存の大国に挑戦したケースは合計一五回もある。そのうち、一一回で戦争が起きたという。記事は、その代表例としてドイツの台頭を挙げる──「一八七一年に統一されたドイツは、その後、イギリスに代わってヨーロッパの最大の経済体となったが、ドイツの侵略行動とイギリスの反撃によって、一九一四年と一九三九年の二回にわたって世界大戦が勃発したのである」。

警戒すべき筆頭候補は、やはり中国だ。かつてのドイツと同様、現在の中国も間違いなく米国を中心とした戦後体制に挑戦するだろう。それは結果として大規模な武力衝突をともなったものになる可能性が高い。当然、中国に限った話ではない。東欧や中央アジア、中東などでは大国同士の衝突に発展し得る導火線があちらこちらに転がっている。私には、次なる世界大戦がもはや時間の問題のように思えてならない。

恐ろしいほどに似ている一九三七年と二〇一六年

「この巨額の負債が既に弱化している経済市場にもたらす影響は計り知れない」。国際通貨基金（IMF）は二〇一五年一〇月七日に発表した「国際金融安定性報告書」（GFSR）で、「新興国の金融市場が混乱すれば世界経済の成長に悪影響を及ぼし、世界的な資産の投げ売りを引き起こす恐れがある」と新興国が次の経済恐慌を招きかねないと警告した。レポートによると、中国を初めとした新興国は、現時点で約三兆ドルの借り入れ超過に陥っている。

いよいよ世界情勢は、一九三七年の頃と酷似してきた。それは経済的な境遇に限った話ではない。前項で述べたように、地政学的な状況も一九三七年頃と似通っている。これらは無視するにはあまりにも危険な類似だ。この先、当時と同じようにリセッションを経て大規模な紛争に直面しても何ら不思議はない。

経済的な境遇で言えば、一九三七年の頃と同様に米国の利上げ観測によって世界経済が変調をきたしている。ただし、当時は利上げした張本人である米国がリセッションに陥ったが、今回は米国ではなく中国を筆頭とした新興国がリセッションに突入する可能性が高い。

先にも述べたが、リーマン・ショック後は米国を筆頭に主要国のほとんどで低金利政策が実行された。二〇一五年九月三〇日付の米ブルームバーグは、バンク・オブ・アメリカ（ＢＯＡ）メリルリンチの推計を引用して「世界の中銀は二〇〇八年の米リーマン・ブラザーズ・ホールディングスの破綻から今までに六〇〇回余り利下げを実施している」と報じている。そして、世界の市場は空前のカネ余り状態となった。現金や債券のリターンが大幅に低下したため、数兆ドルの資金が高リターンを求めて彷徨う状況が今でも続いている。その結果が、昨今の新興国ブームだ。リーマン・ショックによって先進国の経済が沈んだため、世界中の投資家が新興国を重要視。金利の安い米ドルで資金を調達して新興国で運用するといった投資スタイルが横行した。

また、余ったカネは商品市場にも流入。商品価格が高騰したため、新興国の多くがコモディティ（商品）ブームに沸いた。リーマン・ショック後に中国が財政出動したため、中国発の需要が世界を牽引。ブラジルやロシア、アフリカなどの資源輸出国は中国向けの輸出で経済を成長させることに成功した。一方、多くの企業が設備投資したことにより新興国では債務が大幅に増えている。

そして、この好循環がついに逆流へと転じた。二〇一四年末のことである。きっかけは米国の復活だ。米国で利上げ観測が浮上したことにより、新興国への資金流入が一転、資本が流出し始めたのである。商品市場は数年ぶりの安値を付け、コモディティ輸出に頼りきっていた新興国は乱気流に突入することになった。米国の利上げによって世界の金利が徐々に上昇していけば、いくつかの新興国が吹き飛ぶ可能性がある。

ＩＭＦが二〇一五年九月末に公表した報告書によると、新興国の中央銀行がリーマン・ショック時に相次ぎ低金利政策を打ち出した結果、二〇〇四年に約四兆ドル（四八〇兆円）だった新興国企業全体の借入額は、二〇一四年に一八兆ドル以上にまで膨張した。その多くが米ドル建ての債務である。そのため、ＩＭＦは米国の利上げにともなった債務コストの上昇と米ドル建て債務の膨張に警鐘を鳴らした――「新興国は最終的に企業が破綻する事態にも備えるべきだ」と。

一九九七年のＩＭＦ危機（アジア通貨危機）と違い、ほとんどの新興国は変動相場制を採用している。また、この一〇年間で各国が保有する外貨準備も大幅に増えた。それゆえ、新興国に当時のような危機が再来すると予想する有識者は多くない。だが、こうした楽観は禁物だ。確かに多くの新興国が直面している昨今の自国通貨安は結果として輸出に有利に働く。ただし、輸出というのは相手があってこそ成り立つものだ。現在は新興国の輸出相手国として大幅なシェアを誇ってきた中国が減速している。そのため、中国との経済関係を深化させてきた国は極めて困難な立場に置かれる可能性が高い。

また、いくら危機の耐久力を計る外貨準備が豊富だからと言ってそれが永久に保たれるという保証はない。二〇一五年九月、マレーシアの外貨準備が一〇〇〇億ドルを割り込みリンギットが米ドルに対し過去最安値を付けたが、多くの国で外貨準備は減少している。警戒が必要だ。最悪の場合、一九九七年と同じく米国の利上げから数年後にＩＭＦが新興国へ乗り込むことも否定できない。国際決済銀行（ＢＩＳ）は二〇一五年九月に発表した報告書で、一部の新興国で「金融危機の差し迫った恐れがある」としている。

「新興市場は一九九七年のアジア金融危機に匹敵するような弱気相場の入り口に立っている」（二〇一五年一〇月六日付米ブルームバーグ）。中堅ヘッジファンドの米フォートレス・インベストメント・グループは顧客向けのレポート（二〇一五年九月三〇日付）で、二〇一五年六月に始まった新興市場の下落は信用収縮につながり、少なくとも二〇一七年三月まで続くとの見通しを示した。同社は、現在の市場を評価する指針として過去の景気循環に着目。その上で「次の収縮サイクルの開始段階にあり、一九九七年―九八年と同様に、このサイクルが世界的不均衡の新興市場側で始まりつつある」と指摘する。記事はまた、世界最大規模の運用額を誇る前出のヘッジファンド、ブリッジウォーター・アソシエーツの見解として「投資家が新興市場に投資した資金が多くなっているため、相場下落の影響は八〇年代と九〇年代の危機時よりも広範囲に拡大する可能性が高い」と報じた。

「二一世紀はアジアの時代」だと言われて久しい。しかし、これが単なるバブルに過ぎなかったらどうなることか？　ＩＭＦによると、新興国市場全体が世界のＧＤＰに占める割合は二〇〇四年の四六％から二〇一四年には五七％まで拡大している。仮に新興国経済が躓《つまず》けば、世界がリセッションに突入するのは確実だ。「世界経済がリセッション入りする実質的なリスクが増しているとみられる」――二〇一五年九月八日、米シティグループが世界にこのような警告を発した。同グループのチーフ・エコノミスト、ウィレム・ブイター氏は世界が今後二、三年に中国発のリセッションに陥る確率が五五％と見積もる。さらには「現在、金利は大半の先進市場で政策手段として役に立たず、財政はほぼ全ての国で〇八年当時より逼迫している」と指摘。リセッションに見舞われても対応策が限られている現状に警鐘を鳴らした。ブイター氏が指摘するように、世界経済が次にリセッションに陥ったとしても多くの国は対応策を持ち合わせていない。金利はすでに低下しきっており、財政も逼迫している。まさに万事休すだ。そのため、かねてから中国経済の崩壊を予測してきたゴードン・チャン氏は次のように予測している――「私は中国のせいで三〇年代式の危機が起きると考えている」（二〇一五年九月二三日付中央日報）。

もはや、私たちは一九三〇年代の再来を覚悟しておくべきだ。恐ろしいほどに状況が似過ぎている。世界が無傷ですむとは私には思えない。債務の規模と地政学リスクの高まりを考慮すると、あの時以上にすさまじい時代が待ち構えているかもしれない。

プーチン大統領の側近は、二〇一五年春にこのように語ったという――「これから起きる世界同時不況は、世界大恐慌の二・五倍を超える規模になるだろう」。極めて不穏な響きである。

第二章

国家破産——二〇二〇年－二〇二一年

日本が抱える世界最悪の爆弾

金融危機以降、各地で発生する危機に対して、世界は国家レベルでの封じ込めに躍起になってきた。しかし、いよいよそれも限界点に差し掛かりつつあるようだ。中国、欧州、新興国……いずれも次の世界的な〝経済危機ドミノ〟の起爆剤になりうるだけの爆弾を抱えている。また、経済的な周期から考えても、そろそろ「リーマン・ショックの次」が訪れてもおかしくはない。第一章で見てきた通りその兆しはすでにあちこちに出始めており、私たちは来たるべき世界大恐慌に最大限の注意を払い、打てる手を講じなければならない。

しかし、危機的状況はこれら海外に限った話ではない。というより、潜在的にもっとも破滅的な爆弾を抱えるのは、わが国日本である。アベノミクスで株高が演出され、また東京五輪の開催決定で浮足立った雰囲気に包まれているが、この爆弾はいよいよ炸裂寸前のところまできているのだ。

私は最近まで、この爆弾は自ら爆発して世界恐慌の起点になると考えてきた。しかし、最近の世界情勢、特に中国の経済状況が極めて危険な状況にあるため、先に中国を起点とした世界恐慌が訪れる可能性が高いと見ている。そして、世界恐慌がドミノ倒し式に日本国破産の起爆スイッチを押すことになるだろう。

この章では、日本が抱える最悪の爆弾がどのようなものなのか、そしてそれが爆発すると何が起きるのかを見ていく。

爆発寸前の政府債務

結論から言おう。わが国が抱える最悪の爆弾とは、巨額の政府債務だ。いや、巨額というよりも天文学的なレベルと言った方がいい。ＩＭＦの推計によると、二〇一五年の政府総債務残高は約一一三一兆円、対ＧＤＰ比ではなんと二四六％にもなっている。国民一人あたりに直すと九六八万円となる。もうすぐ一人一〇〇〇万円の大台に突入だ。一般家庭や企業なら、とっくに破産している。

しかも、その膨張スピードも尋常ではない。ＩＭＦの統計を見ると、リーマン・ショック後の二〇〇九年以降は毎年四〇兆円以上のペースで借金を積み増している。このスピードは、バブル崩壊後の一九九〇年代の五〇兆円ペースに迫る勢いだ。現在の税収は五〇兆円あまりだから、年収五〇〇万円のサラリーマンが、何年にもわたって毎年四〇〇万円も借金を積み増しているようなものだ。はた目から見れば、このサラリーマンが借金を返すつもりがないどころか、借りられるだけ借りて踏み倒す気満々なのは明らかである。

残念ながら、この借金が減る可能性は万に一つもあり得ない。せいぜいできるのは、借金が増えるペースを遅くすることぐらいだが、それも見込みが薄い。

その理由は、日本の社会制度に致命的な欠陥があるためだ。

日本が借金をやめられない理由

なぜ、日本がこれだけの借金をしているのか、そしてその借金をやめること

順調すぎる日本の借金増加

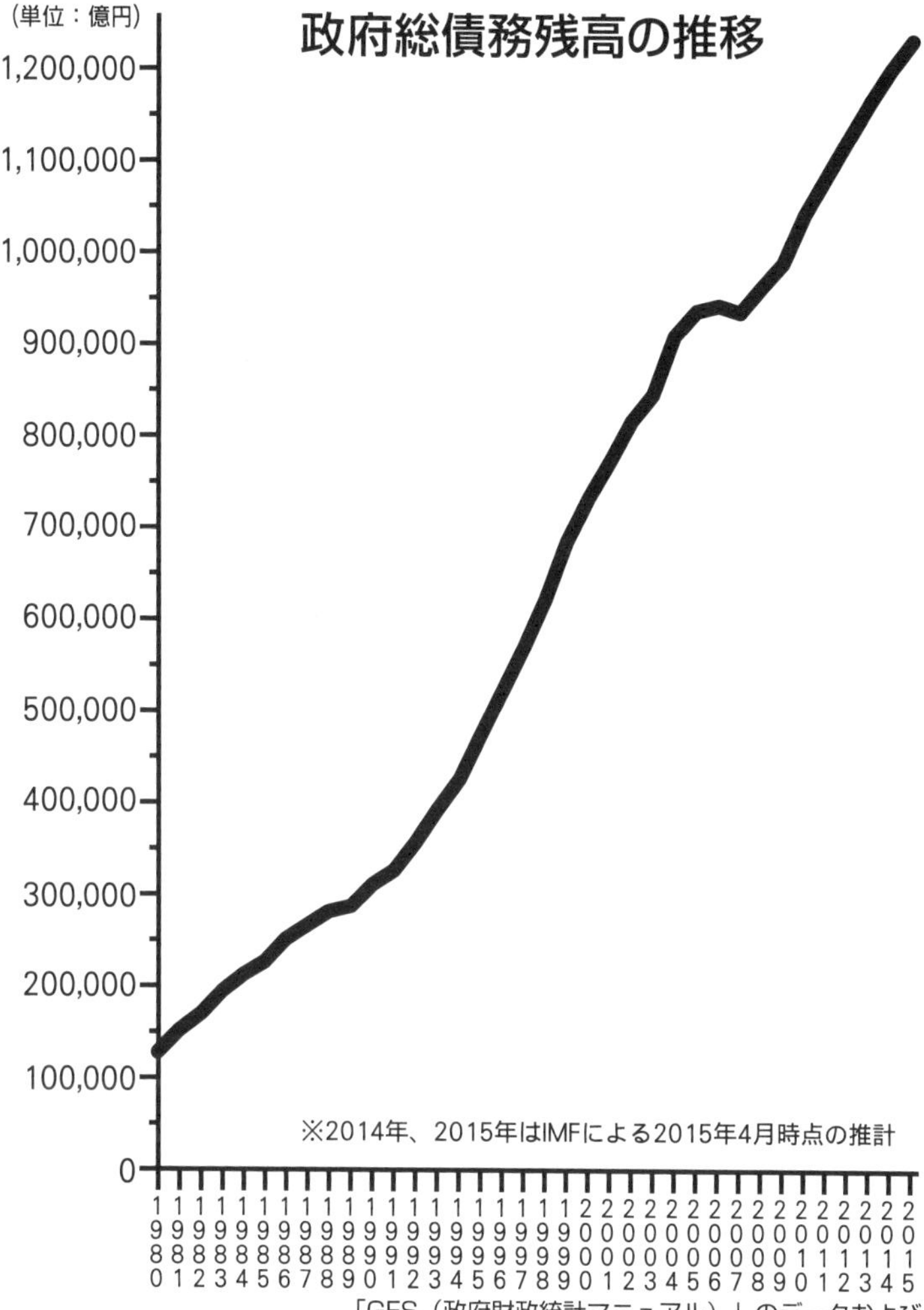

「GFS（政府財政統計マニュアル）」のデータおよび
ＩＭＦによる 2015 年４月時点の推計を基に作成

ができないのか。最近になってやっと正しい理解が広がり始めているが、いまだに誤解している人もいるのであえて言っておこう。日本が借金をやめられない理由は、利権がらみの無駄な公共事業や産業保護、地方創生と称した実の薄い補助金などのバラ撒きによるものではない。財務省が公表する財政関係資料にはそのことがハッキリ書かれている。

七九ページの図は、国債残高の簡単な内訳だ。4条公債とはいわゆる建設国債のことで、シカやクマしか利用者のいないど田舎の高速道路や作りかけて放置したダムなどは、この4条国債で作っている。一方の特例公債は、公共事業以外で歳入が足りない場合に発行する、いわゆる赤字国債だ。見ての通り、赤字国債が日本の借金のペースを飛躍的に加速させているのだ。もちろん、だからといって無駄な公共事業を野放しにしていいわけではないが、国会がより時間をかけて議論すべきなのは公共事業ではない。この赤字国債をどうするか、の方だ。

しかし、その問題に正面から切り込むことはできないだろう。なぜなら、この赤字国債増加の正体は「社会保障費」だからだ。

社会保障費とは医療、年金、介護にかかわる支出のことだ。日本の社会保障制度は社会「保険」制度となっており、民間の保険会社と同様に保険料収入を元にやりくりすることになっている。「医療」については、わが国では「国民皆保険」として原則国民全員が何らかの医療保険に加入を義務付けられている。サラリーマンの場合は協会けんぽや健保組合に、公務員は共済組合に、個人事業主や無職者は国保に、といった具合だ。これらの組合に支払われる保険料を元にして、医療機関に受診した時の自己負担割合が軽減されるのである。同様に、「年金」や「介護」も公的年金制度、介護保険制度への加入が義務付けられており、保険料収入によって年金支給や介護サービスの提供が賄われるというのが本来の姿だ。

しかし、収入をはるかに超える支出が常態化しているのが実態だ。八一ページのグラフを見ればおわかりの通り、一九九七年頃から保険料収入は頭打ちなのに対し、社会保障給付費（三分野で国が支出する額）は増え続けている。本来、この「足りない分」は税金で賄うという約束だった。しかし、実際には税金で賄ってなどいない。前出の赤字国債、つまり国の借金で賄っているのである。民間の保険会社にたとえるなら、本来は加入者から追加で保険料を取るという話だったものを、加入者に社債を買わせてやりくりしているようなものだ。普通はこんなデタラメなやりくりをし続けている会社の社債になど、まともな格付けがつくはずがない。

さて、では本来あるべき姿の「税金で賄う」という形に戻せるかと言えば、それは無理だろう。社会保険料収入以外の部分を税で充当する場合、消費税で徴収するのが妥当とされるが、消費税は一％で二・五兆円の税収が見込まれるため、二〇一五年現在、国と地方が借金で賄っている四三兆円を消費税で賄うなら、税率は一七・二％が必要となる。これは今現在の不足分であって、今すぐ一七・二％に引き上げてやっとトントン、という意味だ。将来にわたる持続可能性を考えるなら、更なる重税が必要なのだ。厚労省の推計では、二〇二五年度の社会保障費を一五〇兆円と見積もっており、これを賄おうとすれば消費

国債残高の累増

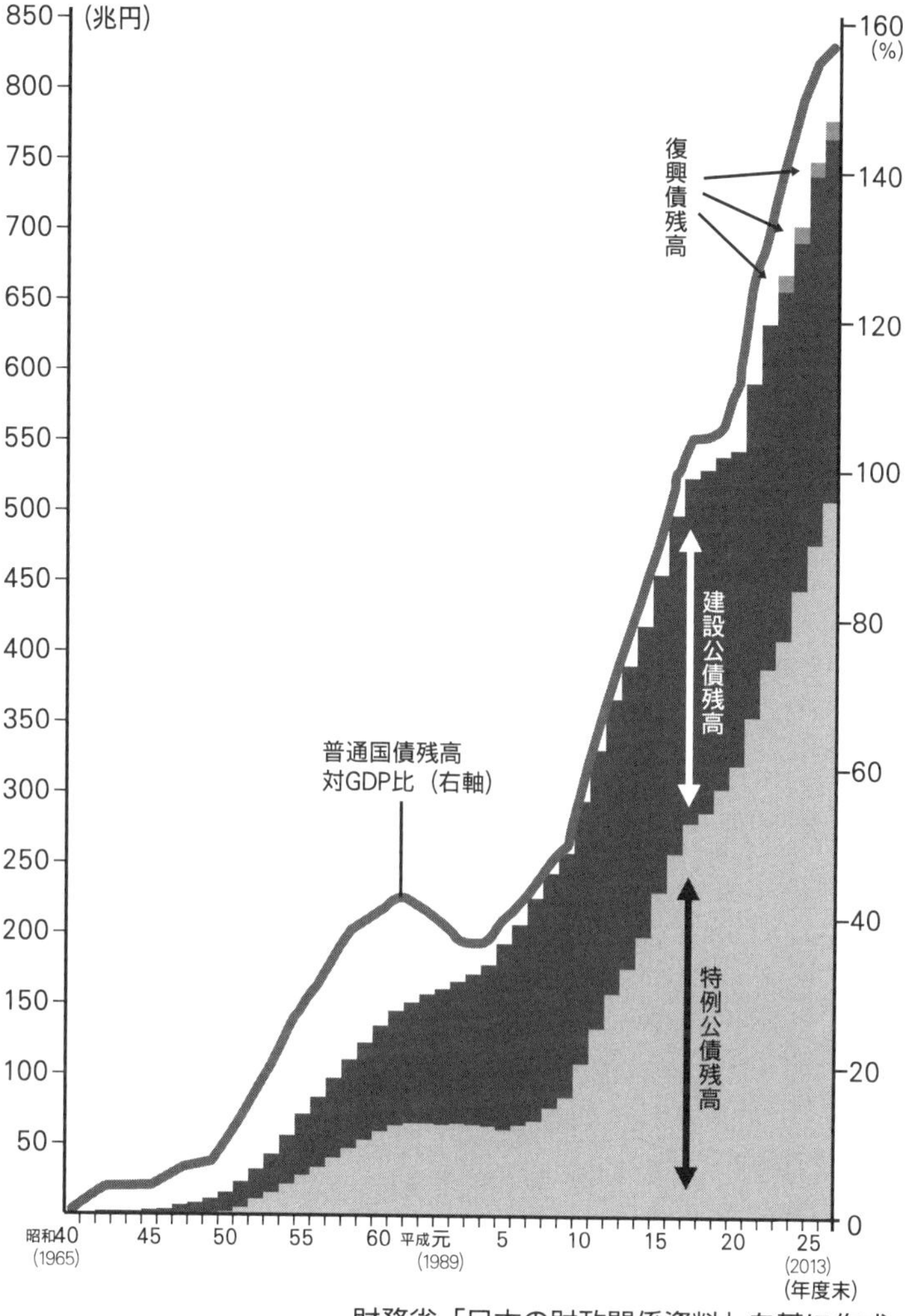

財務省「日本の財政関係資料」を基に作成

税はなんと三六％にもしなければならない。八％を一〇％にするのですらこれほど大騒ぎしているのに、三六％などと言えば間違いなく暴動が起きるだろう。

では、社会保障給付費を減らせるかと言えば、これはもっとあり得ない話だ。給付費の削減とは、具体的に言えば医療・介護の自己負担増加、年金支給額のカットだ。真面目に選挙に通う高齢者には甚だ受けの悪い改革である。果たして、政府がそのような改革に取り組むことができるだろうか？

このように、日本の借金は社会保障制度の構造的欠陥によってすでに暴走を始めており、決して借金が減ることはない。借金を減らす方法は、大増税か年金カット、介護・医療の自己負担かという、すさまじい痛みと大量の出血をともなう方法しかないのだ。そうでなければこの「暴走列車」は、近いうちに私たち日本国民を乗せて崖から奈落の底へと真っ逆さまに転がり落ちるだろう。

日本の借金を増やす要因は、残念ながら社会保障費だけにとどまらない。日本には、借金を加速させる仕掛けがもう一つあるのだ。今はまだそれほど威力を発揮していないが、いずれこの「借金加速器」も強烈な威力を発揮するだろ

社会保障給付費の増加

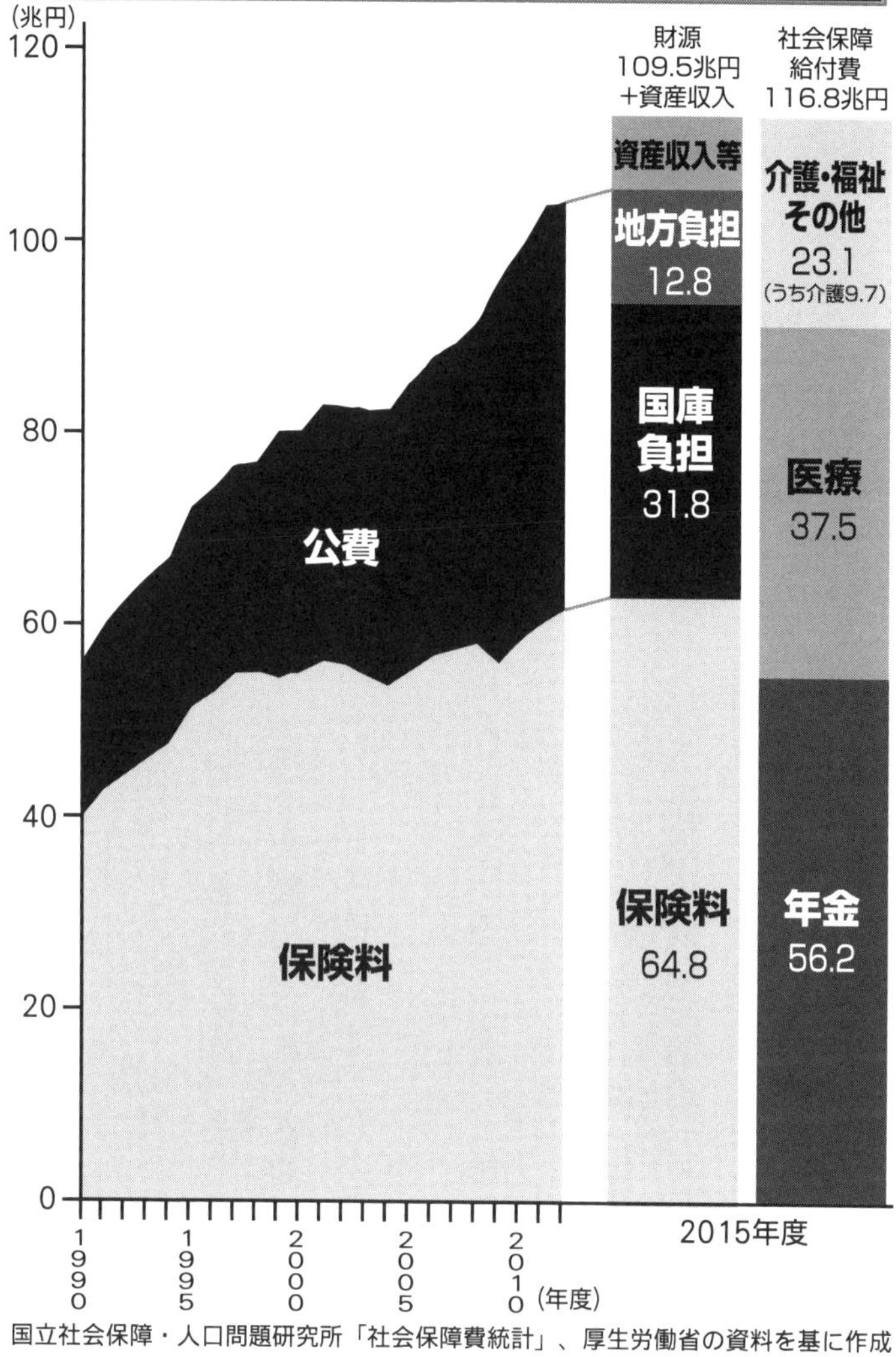

国立社会保障・人口問題研究所「社会保障費統計」、厚生労働省の資料を基に作成

う。

では、その借金を加速させるもう一つの仕掛けとは何か。ズバリ「国債費」だ。国債費とは、国債の利払いや償還に充てる費用のことだ。国であれ企業、個人であれ、借金をすれば元本だけでなく利子を払う必要があり、また貸し借りにかかる事務費用なども発生する。つまり、借りた額以上に払う必要がある。幸いなことに、現在の日本の金利は〇％台という歴史的な低水準にあるため、国債の利息も極めて低く抑えられている。

しかし、それでも近年国債費はかなり膨らんできている。平成二七年度予算では、予算総額約九六兆円に対し国債費は二三兆円強であり、予算の二五％近くが借金返済に充てられているのだ。ここに金利の上昇が始まれば、国債費は急激に膨張を始めることになる。何しろ一〇〇〇兆円の借金である。干し草に火を放つように、利払いが爆発的に増えるのだ。国債費が税収を上回るという日もそう遠くないかもしれない。

国債費は低金利下にもかかわらず着々と増えてきた

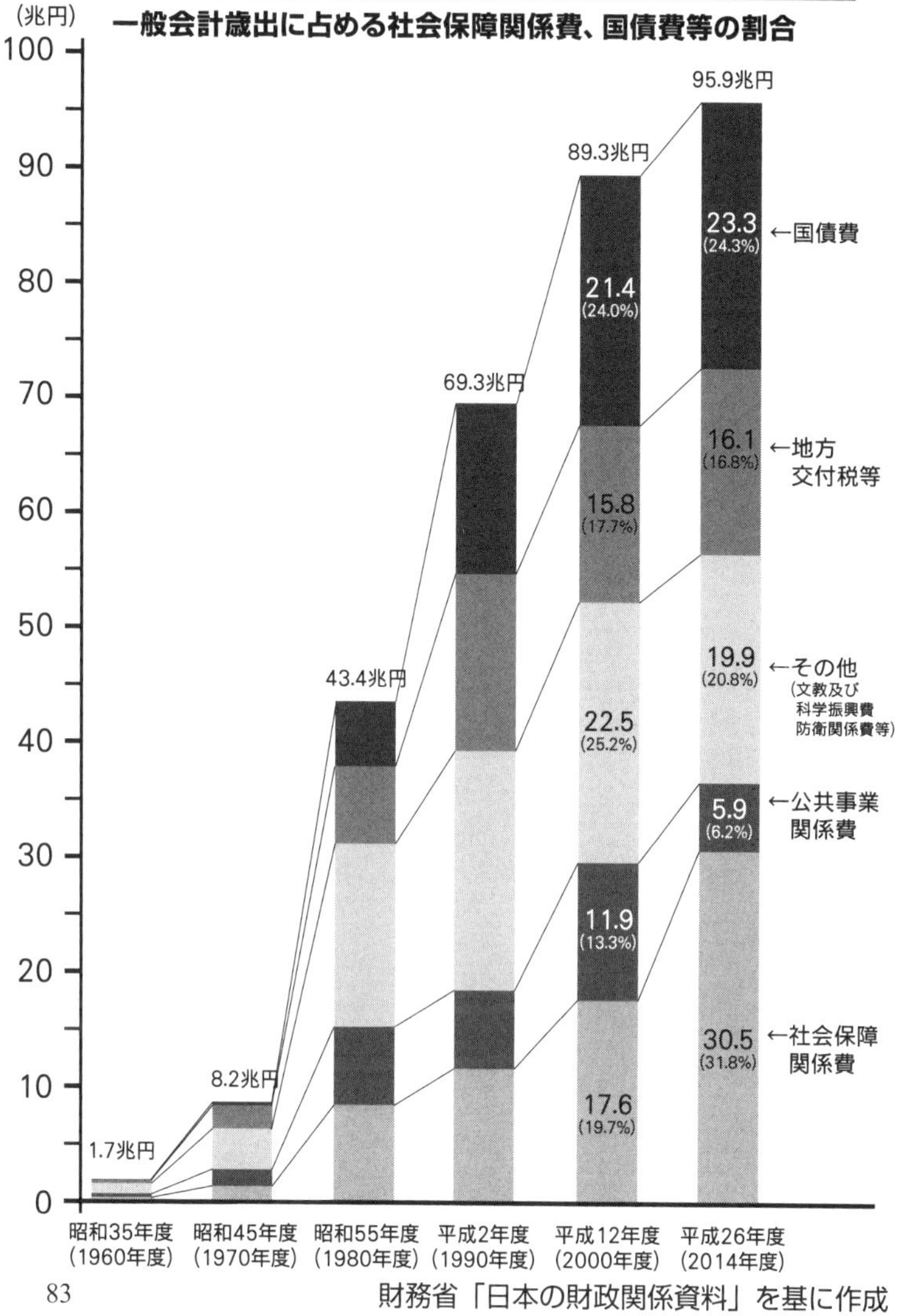

財務省「日本の財政関係資料」を基に作成

しぼむ日本経済

さきほど、「日本の借金が減る可能性は万に一つもあり得ない」と言ったが、もし仮に日本がこれから再び高度経済成長をするのであれば、成長の伸びしろで借金を減らしていくことは可能だ。しかし、それも日本の社会構造を考えれば無理だということがわかる。

日本はすでに超高齢社会に突入している。二〇一三年の人口推計では、六五歳以上の人口が三一八六万人で全人口の四分の一が高齢者となった。二〇二〇年には高齢化率は二九・一%、二〇三五年にはなんと三三・四%という推計だ。国民の三人に一人は老人になるのだ。一方の出生率（合計特殊出生率）は二〇一四年度が一・四二で、人口置換水準（人口を維持する水準）と言われる二・〇七までには程遠い状況だ。つまり、日本の将来は労働力人口が減少し、経済規模もしぼんでしまうのは確実なのだ（高齢化と少子化がいかに悲惨な状況をもたらすかについては第三章で詳述する）。

労働力人口を増やす方法はいくつかあるが、その実現可能性はかなり怪しいものだ。一つには、現政権下でも議論が始まっている女性や高齢者の労働参加を促進するという方法だ。アベノミクス「新三本の矢」でも子育て支援を掲げて女性の労働参加に注力すると表明しているが、環境が整備されるとしても相当な時間がかかるだろう。高齢者の労働参加もまたしかりだ。また、こういった環境整備には財源が必要となる。こういった政策によって労働力人口が増え、経済成長が税収になって戻ってくる前に、日本の借金が破裂する可能性の方がはるかに高い。

もう一つの方法は、外国から労働力を輸入するやり方、つまり移民だ。介護職など特定技能などを身に付けた外国人の受け入れも徐々に進んできているが、その取り組みは減少する労働力を補強するにはとても程遠い状態である。また、移民の受け入れを加速すれば、カルチャーギャップによる様々な問題や治安上の懸念も増す。日本社会は比較的均一性が高いため、多様な人種、宗教や思想、文化風習を柔軟に受け入れる社会的土壌がない。このようなところに「とりあえず働き手を」などと手前都合の甘い考えで移民を入れれば、カルチャーギャップにとどまらない問題が噴出すること必至だ。

こういった人口動態に関する問題は、数十年単位の国策として議論すべきものであり、その効果も数十年後に得られるものだ。もちろん、一〇〇年後の日本のために今から議論することは意義があるが、目先の財政危機対策としてはほとんど意味を成さないだろう。

また、百歩譲って女性、高齢者、外国人など労働力人口を増やせるとして、彼らに何で稼いでもらうのか、という問題がある。日本は高い賃金、高い税金のため製造業系の生産工場は海外への生産移転を加速している。今や国内で消費するものすら海外で作った方が安い時代である。それなりに高度な技能を要する仕事であれば、日本国内で行なうこともできるだろうが、果たして高齢者、外国人がどの程度の割合でこうした高度な専門技能を身に付けることができるだろうか?

また、産業の競争力という点からいえば、専門技能であってもグローバルの競争に生き残れない領域も出始めている。たとえば精密機器や家電などかつて日本のお家芸だった「モノづくり」は、今や韓国や中国、東南アジアに完全に取って代わられつつある。ＩＴやバイオなどの先端産業分野では相変わらず海外勢に遅れを取ったままで、世界に通用する技能やアイデアを持っているなら、日本で仕事をするより海外に出た方がよほど活躍できる。金融に至っては、アジアの金融センターの地位を完全に取り損ね、今や香港、上海、シンガポールの後塵を拝する体たらくだ。

こうした新産業分野での出遅れの要因は、ほとんどが産業育成の環境整備の失敗という国策レベルの失点である。国策が産業にいかに重要かは、シンガポールの繁栄を見れば一目瞭然だ。かつてシンガポールは「ルックイースト政策」として日本のやり方を見習い、大胆な経済政策で企業誘致を行なって、物流、金融におけるアジアのハブとして確固たる地位を築いた。人口はわずか五〇〇万人あまりの小国だが、現在の一人当たりＧＤＰは日本をはるかに上回っている。国父リークアンユーが産業振興の国策を掲げ、五〇年の歳月をかけて、アジアの物流拠点として世界中の企業が押し寄せ、成長著しいアジアへの投資機会にアクセスするため多くの機関投資家や富裕層が集まる、そういった国に作り上げたのだ。

一方、日本はどうか。こうした国策レベルの産業振興について、日本は本気で取り組むつもりがない。新分野を開拓するためにリスクを取るという姿勢はないし、相変わらず既得権益層、既存産業分野の保護のみに執着している。しかも、そのやり方も単なるバラ撒きという、一番能のないやり方を繰り返すばかりだ。

新産業分野の育成には、イノベーションをはぐくむ教育、産業化のための資金的援助、法整備など実に様々な環境整備が重要だ。また、長期的な成功を収め、税収増や国力強化に結びつくようなものというのは、一〇〇あるうちの二、三個ぐらいのものだ。つまり、ムダになるかもしれないたくさんの種を蒔き、元手を大きく取り返す会社、産業を掘り出す作業だ。五〇〇兆円規模の日本の

ＧＤＰをさらに成長させるイノベーションを作り出す気なら、少なくとも数千件単位でプロジェクトを動かす必要があるだろう。また、予算を継続的に確保し、法改正などを含むあらゆる環境整備を行ない、投資案件の評価を行ない、そのノウハウを蓄積するといったことを体系的、循環的に行なう必要がある。投資の進捗や成果を納税者である国民に説明する義務もあろう。

ひるがえって政府の取り組みを見てみると、実に心もとなく、また内容もハッキリ言えばしょぼい。政府では事業投資ファンド、いわゆる「官製ファンド」を一〇の機関、法人で約三兆円規模の上限予算で行なっているが、そのうち新産業分野の開拓や既存産業分野の再生を行なうファンドの投資件数は一〇〇件にも満たない。しかも何に投資し、どういう成果が上がったのか、進捗がどうなっているのかも見えない。数も足りない、筋の良し悪しもわからないではうまくいくわけがない。

また、これを言ってしまうと身も蓋もないが、私はハッキリ言って「予算ありき」「法律ありき」で動く官の人たちに、新たなビジネスを掘り起こすことは無理だと思っている。新しいビジネスとは、先立つものが何もなくとも、「これだ」と思い付いたアイデアを死に物狂いで追いかける、その先にこそ生まれるものだからだ。ぬるい環境から強いビジネスが育つということはあり得ない。むしろ政府がやるべきなのは、そういう志に溢れた人間を邪魔しない環境づくりであって、税金で甘やかしたり、おかしな規制で邪魔したりすることではない。官民ファンドにしても、金を出すだけなら銀行や民間のベンチャーキャピタルで十分で、政府はそういう民業が積極的に事業投資できる環境を作ればよい話だ。わざわざ新たな天下り先を作ってまで、彼らが一番苦手な「リスクテイク」を行なう必要はない。

そうなると、予算以外の環境整備が重要であるが、こちらはもっとひどい。細かく挙げればきりがないので割愛するが、何代もの政権を経て、その都度「やるやる」と掛け声は勇ましいが一向に進まない規制改革や、名前は御大層だが実態も成果も見えない特区の設置など、どう考えても本気で取り組む気がないのは明らかだ。

既存産業への対応についても、いい加減過去の経験に学んだらどうかといいたくなる。一九九〇年代前半、ＧＡＴＴ（関税および貿易に関する一般協定）のウルグアイラウンド合意によって牛肉・オレンジの輸入自由化と関税引き下げが行なわれたが、この外圧によって日本の畜産農家は奮起した。和牛の開発、育成が進んで一大ブランドを形成し、今では日本ブランドの輸出品としての地位まで築いているのだ。外圧を奇貨として、競争力を獲得した典型例だ。

この時、政府は酪農家や農家の反対を抑え込むため六兆円ものバラ撒きを行なったが、こちらは何の成果も生まなかった。本来ならこのバラ撒きを元手に畜産や農業の生産性向上、品種改良などで産業競争力を身につけるべきところ、結局は様々な建物や施設の建設に使われ、多くは今は朽ち果てているか使っていないという状況なのだ。既存産業が力を付けるのは、外圧というストレスをはねのけるべく、自ら生まれ変わる努力をした時であり、金を撒いても無駄遣いするだけでは、産業は育ちはしないのだ。

六兆円もの授業料を払って貴重な経験をしたにもかかわらず、相変わらず日本の産業政策は参入障壁とバラ撒きばかりに固執する。それは二〇一三年からの一連のＴＰＰ交渉に直面した国内の業界団体と官僚、政治家などの動きを見れば明らかだ。ウルグアイラウンドを教訓に、外圧を奇貨として既得権益や産業保護のぬるま湯から抜け出し、グローバル市場との対峙を通じて国際競争力を身につけるという発想・高い志に思い至って欲しいものだが、彼らにはそういう頭がまったくない。こういう人たちが日本の産業政策を握っているのだ。これでは黒船相手に勝てるわけがない。

経常収支が最後の砦か？

日本の借金は増え続け、減らさぬまでもせめて増やさないということもできず、経済成長で埋め合わせることも絶望的……こうなると、大変残念ながら国家破産は時間の問題と言わざるを得ないが、となるとその次は国がどのタイミングで本当に破産するかという点が重要となる。国家破産とは、国が資金繰りできなくなるという状態だが、少し具体的に見ていこう。

よく、「日本の借金は自国で消化しているから日本は破産しない」という人がいる。要は日銀がいくらでも国債を買えばいい、という話だ。確かにその通りだが、一つ大事な視点が抜けている。それを行なうと、円の価値が下がっていく、ということだ。あえて簡単に言えば、日銀はなにがしかの「モノ」を保有し、代わりにお金を発行するという形で市場にマネーを供給する。金本位制だった頃は、主に金を保有してその対価としてマネーを供給した。現在は金の他、内外の社債や株、そして国債を元にマネーを供給している。ここでもし、日銀が発行するマネーのほとんどが国債を元にするようになったら、日本円の信用は国債の信用とほぼ同じになる（これをマネタイゼーションと呼ぶ）。

金本位制の時の金（ゴールド）とは異なり、管理通貨制度では通貨の発行体（日本の場合主に日銀）の信用が通貨の価値を保証する。マネタイゼーションの状態では、国債つまり国が借金を必ず返すかどうかがマネーの信用の礎となる。日本が借金を返せないかもしれない、と思われることはすなわち、日本円が紙キレだと思われることになる。したがって、国債の信用低下イコール日本円の価値低下に直結するのだ。

しかし、これだけ金融緩和で日銀が国債を買っているにもかかわらず、またでたらめな社会保障制度、経済の長期的縮小で借金返済の見込みがほぼないにもかかわらず、日本国債の価格は下がらず円安も加速していない。なぜか。為替の変動要因は世界全般の相対的な信用力など複雑な要因で決まるため一概には言えないが、日本の要因として考えられるのは「日本はまだ富を持っている」と思われているからだ。

日本の対外純資産は、実は二四年もの間世界一で、その額は三六六兆円(二〇一四年末)もある。対外純資産とは、日本の企業や政府、個人が海外に持つ資産から負債を引いたもので、対外純〝資産〟と言っても海外不動産というようなものはほとんどない。債券や株式などの証券投資が中心だ。

また、経常収支も一九八一年以降毎年黒字を計上している。経常収支とは、海外との取引でどれだけ稼いだかを示すものだ。経常収支の内訳は「貿易収支」

「サービス収支」「所得収支」「経常移転収支」の四つで、このうち貿易収支（海外との輸出入の差額）は二〇一一年以降赤字に転落、一方、所得収支（海外投資で得た収益）が黒字額を伸ばして経常黒字に貢献している。

つまり、ざっくりといえば日本は「海外に対して蓄えがあり、まだ稼ぐこともできる」と思われているということだ。しかし今後、借金が膨らみ、経済が縮小していく中で蓄えがつき（対外純資産減少）、稼ぎがなくなる（経常赤字）中で、借金だけは続けるなどということができるはずがない。

もちろん、経常赤字や対外純資産減少が国家破産に直結すると考えるのは乱暴すぎるが、日本の国力、信用力がどうみられるかを知る目安としてはかなり重要なものだ。日本の国家破産のタイミングを予測する上で、政府債務の額、日銀の国債保有量などと共に、注目しておくべき指標だろう。

貧困層の増大は、国家破産の前兆か

日本は、世界でも類を見ないほど格差の少ない社会と言われてきた。しかし、一九九〇年のバブル崩壊以降、経済は長期低迷し、リストラや非正規社員の増加などにより所得格差は拡大の一途をたどった。そしていつしか、経済的な強者と弱者を表す「勝ち組、負け組」という言葉も普通に使われるようになった。

厚生労働省が二〇一四年にまとめた「国民生活基礎調査」によると、「相対的貧困率」は一六・一％となり、過去最悪を更新した。「相対的貧困率」とは、全国民の中で所得の中央値の半分を下回っている人の割合のことで、この数字が大きいほど貧富格差が拡大しているということだ。相対的貧困率が一六・一％ということは、日本人の約六人に一人が相対的な貧困層に分類されることを意味する。さらに、同調査で生活意識が「苦しい」とした世帯は五九・九％にも上った。生活実感としての貧困もジワリと広がっているのだ。

借金を「マネー化」する

政府が国債を発行

↓

日銀が国債を買い、通貨を発行

これを繰り返すと

国債→日銀券
（日本円）

すなわち

返さなくてはいけないもの→返す必要のないもの
（マネタイゼーション）

になる

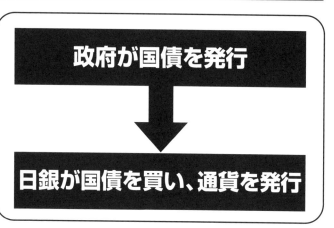

また、社会における所得分配の不平等さを表す「ジニ係数」という指標があるが、二〇一一年のジニ係数は〇・五五三六で過去最大になった。係数は〇―一の間で、一に近づくほど所得格差が激しいことを表す。〇・五―〇・六は「慢性的暴動が起こりやすいレベル」と言われ、「社会騒乱多発の警戒ライン」とされる〇・四をはるかに上回っている。

ＯＥＣＤ諸国の相対的貧困率を比較すると、実は日本は三〇ヵ国中六番目に格差が大きい国なのだ。私たちが知らないだけで、日本の二極化は相当進んでいる。「一億総中流」という言葉がはやったが、今や日本は「総中流」でも何でもない、先進国でも相当な水準の格差社会なのだ。

このような所得格差が生まれた理由も明白だ。デフレ経済下で子育て世帯の所得減少、母子世帯の増加する中で多くの働く母親は低賃金の非正規雇用、製造業をはじめとしたリストラ策による雇用形態の非正規化などを原因として、稼げない人たちが増加したのだ。こうした所得格差は、社会保障制度の中である程度所得再分配を行なうため、実際には幾分か格差が是正されているが、危

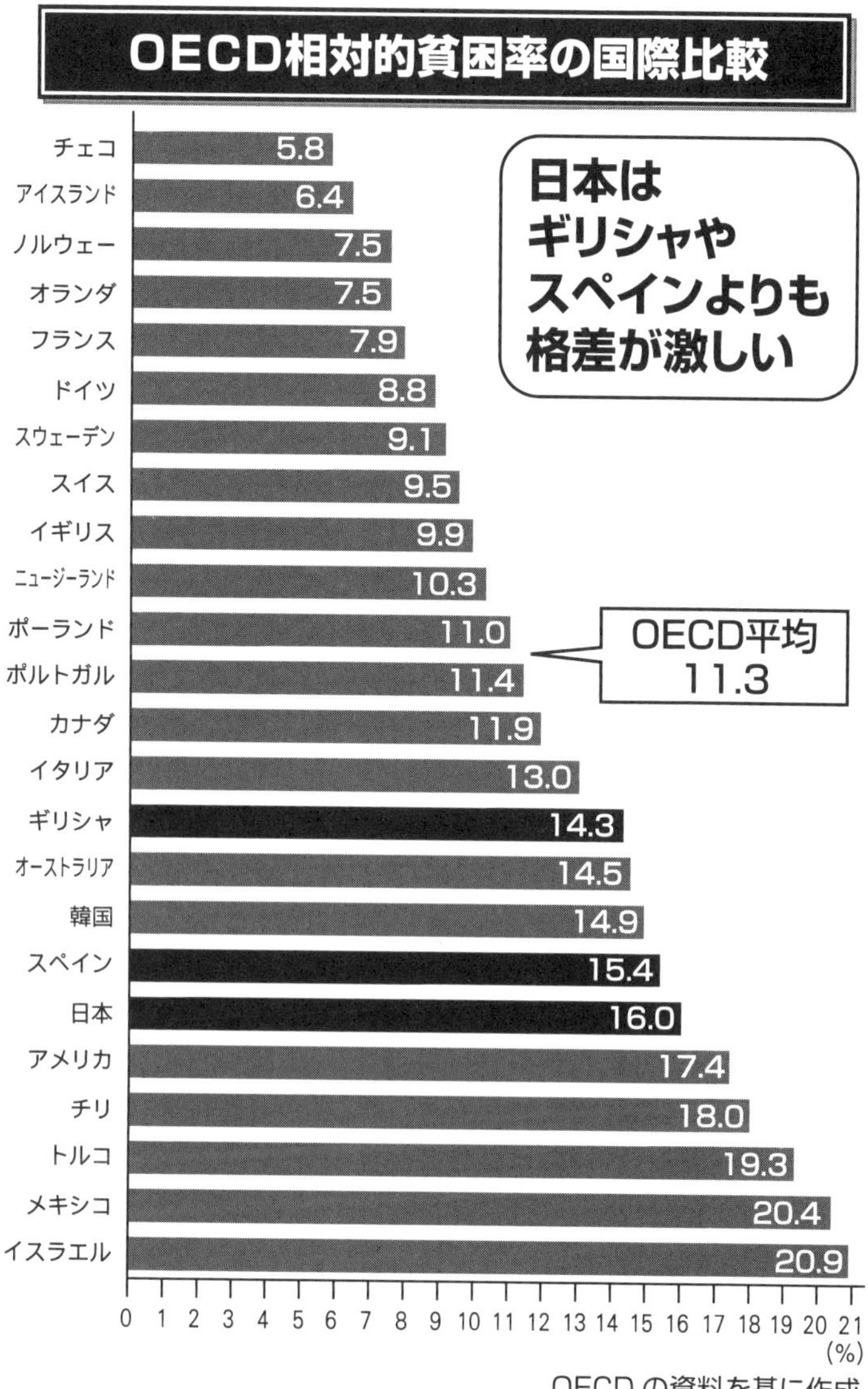

OECD の資料を基に作成

機的な財政がいよいよ立ち行かなくなれば、所得再分配機能も機能不全になる可能性が高い。そうなると所得格差が一気に拡大し、すさまじい貧困が低所得者を襲うことになるだろう。

国家破産に向けて、当局は周到に準備

また、国家破産に向けた別の兆候も見られる。国民資産を効率的に差し押さえ、没収するための規制強化だ。二〇一五年度の税制改正によって所得税や相続税の税率引き上げが行なわれた他、二〇一三年分から提出が義務付けられた「国外財産調書制度」によって国外資産の捕捉も強化されている。主要国間で税務当局が非居住者の口座情報を自動的に交換する「海外口座情報交換制度」も実施される見込みで、マイナンバー制度と合わせることで国外資産であっても課税対象にできるよう周到に準備されているのだ。

海外送金に関しても状況は刻々と厳しさを増している。二〇〇九年からは一

〇〇万円を超える海外送金についてはすべて金融機関から税務署に調書が出されることとなっている。この時期を境に、海外送金を行なった人に対して「海外送金に関するお尋ね」という任意の問い合わせが、税務署から届くケースがかなり増えているという。外貨現金の取り扱いも厳しくなっている。二〇一三年に改正された「犯罪収益移転防止法」では、疑わしい取引の参考事例として多額の外貨現金の取引を挙げており、これに対応すべく金融機関によってはある程度の額の外貨現金取引に身分証明を求めるようになってきている。

金融犯罪の抑止という面はもちろんあるが、銀行の窓口対応などを見ると明らかに「海外送金させまい」「外貨現金を出すまい」という意図を感じるものもあるという。かくいう私も、国家破産対策のため海外送金や外貨現金の準備を進めているが、取引している銀行の対応が年々渋くなり、最近になってついに送金を断られるという事態にもなった。今は、まだ一部銀行の対応が厳しくなっているだけだが、この動きがすべての国内銀行に波及するのは時間の問題だろう。

国家破産で起こる五つのコト

こうした危機的状況の先に、果たして何が待ち受けるのか。一言で言えば「国家破産」ということだが、「国家破産」といっても実際には実に様々な悲惨なことが起きるのである。ここでは、国家破産で起きるもっとも典型的な事象を五つ紹介しておこう。なお、拙書『国家破産で起きる36の出来事』（第二海援隊刊）では、その全容を三六もの項目で細かく解説しているので、そのすべてを知りたい方はぜひ参考にしていただきたい。

その一　大不況

まず、国家破産が始まるとすさまじい大不況がやってくる。金利の暴騰、通貨の暴落、株価の暴落、為替の乱高下などによって、経済活動そのものが破壊させられてしまうからだ。二〇一五年一月には、スイス中央銀行が三年余りも続けていたスイスフラン売りの為替介入を突如やめると宣言、わずか数時間の間に三〇—四〇％ものスイスフラン高に振れた。六月中旬以降は中国の景気急減速が顕在化し、八月末にかけて上海株式市場は五〇％近い急落を記録、世界同時株安につながった。これらの相場急変動はパニック級だが、国家破産によって引き起こされる相場の激変は文字通り桁が違う。為替にしても一〇〇％（つまり倍）動いたり、株も八〇—九〇％下落という動きをするのだ。こうなれば経済は大混乱だ。

このようなパニックで経済がほぼ機能停止した国がある。一五年ほど前のトルコだ。トルコは現在でこそ新興国の雄として大発展をとげているが、一二年ほど前までは三〇年もの長きにわたり年間一〇〇％ほどのハイパーインフレに悩まされている国だった。三〇年もこうした状況が続けば人々はその激変に慣れるものだが、そのトルコの人々ですら「信じられない」というようなことが起きたのだ。

一九九〇年代末、トルコ経済は薄日の差す状況だった。ハイパーインフレが一時的に収まり、トルコリラは米ドルに対して強含みとなっていた。人々は「もう危機は終わった」と安心しきっていた。しかし二〇〇〇年秋、かねてからくすぶっていた政党同士の争いが再び激しさを増すと、そのうわさが急速に人々の間に広がっていった。多くの人々が銀行に殺到し始めるようになり、わずか二、三週間でトルコリラは米ドルに対して六〇%も下落したのだ。

収まっていたインフレも急激に勢いを取り戻した。月末には経営者が決済に対応できずパニックに陥った。気が付くと銀行はすでに閉鎖されていた。このようにしてトルコは恐慌となった。いや、この時は恐慌以上の非常事態となった。全産業が完全に「脳死状態」になったのだ。会社や工場は軒並み閉鎖、失業者は街に溢れた。

この金融危機では、銀行の貸し出し金利が暴騰した。危機前の貸し出し金利は六〇―七〇%ぐらいだった。これでもすさまじい数字だが、銀行再開時にはなんと一万五〇〇〇%にも跳ね上がったのだ。それもそのはず、物価がわずか二、三週間で六〇%も跳ね上がったので、銀行側も自己防衛のために金利を一万五〇〇〇％に設定したのだ。銀行から借金をしていた人々は、恐る恐る銀行に金利を確認しに行き、そしてその場で衝撃のあまり立ちすくんだという。また、融資返済が絶望的と考えた企業の経営者は次々と自殺を図ったとのことだ。

私はこの直後に日本企業の現地法人に取材を行なったが、インタビューをしたある日本人社長が次のような衝撃の証言をしてくれた。「為替も金利も物価も株価もすべてが大混乱で、モノの値段がまったく分からなくなったのです。給料をいくらにしたらよいのかもわからないし、原材料費がいくらで、完成品をいくらで売ったらよいかも皆目見当がつかない。結局、モノの製造がまったくできないことになってしまって、全従業員を解雇、工場は三ヵ月以上止まったままです。最悪という状況を通り越しています」。

日本においても、一九四五年の終戦から五年間は国家破産状態であったが、その時には経営の神様と呼ばれたかの松下幸之助でさえも自社の倒産を覚悟したという。また、今や世界的超優良企業のトヨタ自動車でさえ潰れかかった。まさに「草も生えぬほどの状態」となったのだ。

その二　ハイパーインフレ

おそらく、現在の日本が行なっている金融、財政政策を見ていると、国債の債務不履行（デフォルト）ではなく明らかに高インフレが到来する確率の方が高いだろう。すでに天文学的水準に積み上がった債務に、社会保障がさらに上積みをし、金利が上昇すれば国債費が幾何級数的に膨らんで、もはや冗談とし か言えないような返済不能の債務になることが明らかだからだ。この莫大な国債を今後日銀が買い続けてデフォルトを回避し続ければ、まず間違いなくハイパーインフレとなろう。

ハイパーインフレとは、通常では起こり得ないような物価上昇（インフレ）を指す。発生理由はモノ不足によって急速に物価が上昇する場合と、政府が無尽蔵にマネーを供給することによる「通貨価値の希薄化」によって上昇する場合があるとされる。日本の場合、恐らく後段の理由が主となるだろうが、たとえば国際情勢の悪化で資源や食糧の供給が極端に細れば、モノ不足でのインフレも起こり得るだろう。国際会計基準の定義では、年率約二六％の物価上昇が三年以上（三年間で一〇〇％以上）続くとハイパーインフレとされている。革命や敗戦などにともなって起きることが多いとされるが、中南米やロシア・東欧諸国では経済の衰退と政治不信によっても起きている。

このような高インフレは、実は別の側面を持っている。政府の立場から見ると、借金が実質目減りする効果があるのだ。どういうことか。たとえば、月収三〇万円の人が一〇〇〇万円の借金を抱えているとする。これを返すために月一〇万円（月収の三分の一）を返済に充てるとすると、長期にわたってかなりの程度生活を切り詰めなければならず、非常に苦しいだろう。しかし、もしここで物価が一〇倍になり、そうすると勤務先の会社の売り上げも一〇倍になるから、見かけの月収もおよそ一〇倍となる。こうなればだいぶ話が変わる。月収は一〇倍の三〇〇万円になるから、一ヵ月の返済額一〇万円など月収の三〇分の一にすぎなくなる。借金すべての繰り上げ返済も簡単だ。政府の借金に関しても、同じことが言える。

実際にはインフレになれば金利は上がり、金利が上がれば利払い費（国の場合は国債費）が増えるからそう簡単な話ではないが、高インフレはこのように借金を減じる効果があるのだ。

さて、第二次世界大戦直後の日本で起きた物価上昇は、まさにハイパーインフレである。一九四五年から一九四九年までの間、物価は七〇倍にも膨れたのだ。この時の物価上昇の主因は敗戦によるモノ不足と言われているが、しかし地方ではそれなりに食べ物もあり、逆に良い暮らし向きの人もいたという。モノ不足にはモノの供給者が「出し渋り」をしたためという側面も考えられる。

そして何より、多額の戦時債務を抱えていた政府はこの時期を狙って「徳政令」を行なっている。高インフレが結果的に政府債務の圧縮に一役買っていた側面もあると思われる。

高インフレは、制御不能の「魔物」である。しかし、返せないほどの借金を抱える政府にとっては、来れば来たで「都合が良い」側面もあろう。もしかすると、現在行なわれている「異次元緩和」は、ハイパーインフレという「魔物」を召喚する悪魔の儀式なのかもしれない。

その三　大増税

借金がいよいよ極限にまで積み上がり、返済に行き詰まると必ず出てくるのが「大増税」だ。そして、政府がまず目を付けるのは決まって高額所得者や資産家などの富裕層だ。富裕層から大量に金を巻き上げる常とう手段は、①相続税、贈与税など資産移転にともなう税率アップ、②所得税の累進税率を高め、高額所得者の税額アップだ。

現在でも、すでにこれら富裕層をターゲットにした課税強化の兆候が出ている。日本経済新聞は、九月三日朝刊の「真相深層」に「国税照準『富裕層２万人』」と題した取材記事を掲載した。その内容によると、今年一月の所得税、相続税の最高税率引き上げ、七月の「出国税」（国外転出時課税制度）の導入に続き、体制面、取組み面での強化を行なうという内容で、国税当局による「１０の選定基準」を満たす大口資産家への税務調査を徹底するとのことだ。

日本国内で所得が一億円を超える納税者の割合は全納税者の〇・三％だが、その納税者が支払う税額は一八・三％、つまり富裕層から税金を取るのは「割がいい」のだ。もちろん、だからと言って庶民が重税を課されないというわけでは当然ない。富裕層に重税を課せば海外脱出が加速するだろうし、そうなれば国内には金がない人々しか残らなくなる。では、次にどうするのか。

金がない庶民からでも「取れるものは取る」、それが政府のやり方だ。それに適した税金が消費税だ。どんな庶民であれ、消費活動を一切行なわないということは究極の自給自足生活でもしない限り無理である。したがって、消費活動に対して課税すれば必ず税金を徴収できるというわけだ。もちろん、今の政府の動きや日本の状況からは、これ以上の税率アップは極めて難しいだろうが、国家破産という国家緊急事態となり、たとえばＩＭＦが乗り込んでくるような事態になれば、有無を言わさず消費税アップは断行されるだろう。欧州ではおおむね二〇％近い税率が適用されているが、日本も同様かそれ以上の税率ということもあり得るかもしれない。

また、もう一つの全国民的課税として考えられるのが固定資産税だ。不動産の価値に対して一様に課税ができるため、確実な徴収が期待できるからだ。実際、ギリシャでは財政緊縮策の一環として「不動産特別税」が徴収されている。一㎡あたり月何ユーロという形で課税され、しかも電気代の請求に乗せて徴収されるのだという。税金を払わなければ電気を止められるという、なんともむごいやり方だ。このためギリシャでは重税を課せられた富裕層が次々豪邸を売りに出しているが、まったく買い手が付かないという。それはそうだろう。その物件を買えば、もれなく重税がついてくるのである。そんなものは誰も欲しがらないだろう。

そして、究極の税金が「資産税」だ。全国民の資産を、現預金から株、不動産、金などの現物資産や骨とう品、宝飾品に至るまですべて把握し、資産額に応じて一律何十％という風に課税するやり方だ。

国家破産時代にはこうした苛烈な税金が私たちに襲い掛かるだろう。国税庁が「酷税庁」と呼ばれる日も近いかもしれない。

その四　徳政令

　大増税によって収入を増やそうとも、天文学的な借金を税金だけで返し切ることはまず不可能だ。税金の回収にもコストがかかるし、よほどの名目を立てなければ国民の資産を一気に回収することは現実にはできない。そこで出てくるのが「徳政令」だ。早い話が借金の踏み倒し、デフォルトである。やり方は様々あるが、日本では一九四六年二月の預金封鎖、引き出し制限、新円切換が実質的な徳政令と言えるだろう。国民財産を全部銀行に吸い上げさせ、引き出しを制限し、新円に切り換えると共にその後のインフレで実質価値を減じさせる、これによって資産回収を効率的に行なうことができたわけだ。また、同時期に「戦時補償特別税」という税金がかけられたが、これはまさに実質的な借金踏み倒しである。戦争中、政府は戦時補償債務を抱えていた。これは企業や個人に対する政府の債務で、特に軍需品や政府の調達品などの支払いを、命令や契約といった形で保証したものだ。戦後、占領軍・ＧＨＱの指示により、この債務には一〇〇％の税金がかけられた。ピンと来ないかもしれないのでわか

国家破産時にターゲットになる税金

資産家向け

相続税・所得税

全国民向け

消費税・固定資産税

番外（要注意！）

資産税

りやすく言うと、「戦争中にツケ払いの約束をしたお金を返す代わりに、借金返済で得たお金には一〇〇%課税します。つまり、返済金は全額税金で回収します」というものだ。形式上借金は返すが、事実上は同額を税金で回収するという、早い話が踏み倒しなのだ。実にむちゃくちゃな話だが、いかなる方便だろうが借金帳消しのためなら国は何でもやる。それは表向き上、歴史に汚点を残さぬよう「踏み倒し」（デフォルト）の形はなるべくとらないようにしているが、どういうことはない、やっていることは踏み倒しである。

その五　治安の悪化

ここまで読んだ読者の方は、なぜ治安が悪化するのかはもうお分かりのはずだ。大不況で失業率はあり得ないレベルに上昇、ハイパーインフレで蓄えも紙キレとなり、それでも政府は増税、徳政令などあらゆる手段を使って阿修羅のごとく国民財産を引きはがしにやってくる。こうして食うに食われぬ状況となれば、人間は何でもやるようになる。スリや万引きならまだかわいい方で、白昼堂々と強盗に襲われるという事態にもなるだろう。

また、警察などの治安組織も、国家破産で財源縮小を余儀なくされる。人数を減らされ、給料を減らされればやる気もモラルもなくなるだろう。不正や賄賂の横行なども激増することになる。実際、国家破産した中南米や東欧・ロシアなどでは、警察による不正の横行、賄賂の要求といった事件が急増したという。そうなってくると、国民側も自衛意識からおのずと暴力的、好戦的になっていく。治安の負の連鎖が加速するのだ。

『国家破産で起きる36の出来事』（第二海援隊刊）でも紹介しているが、『文藝春秋』に国家破産にまつわる治安悪化を伝える記事が紹介されているので引用しよう。


ブエノスアイレスではこの前日も、悲惨な事件が発生している。市内と郊外を結ぶイエルバル線のフロレスタ駅でハンドバッグをひったくられかけた三十歳の女性が複数の暴漢と揉み合い、ホームの下に転

落。動き出していた列車に轢かれて亡くなった。大手紙『ラ・ナシオン』『クラリン』などの報道によると、周囲の乗客らが暴漢の一人を取り押さえ、リンチを加えようとしたという。

リンチとは穏やかではないが、最近のアルゼンチンではさほど珍しい事態でもないらしい。

（『文藝春秋』二〇〇二年五月号より）

国家破産とは、こういうことが常態化する世界である。身の回りに暴力や犯罪が溢れる世界……今の日本では想像できないかもしれないが、世界中の都市を訪れてみれば、日本のような平和な環境の方が稀なことだとわかる。そして、日本も国家破産すれば、まず間違いなくそういった治安レベルになるだろう。

未来予測──日本国破産のシナリオ

さて、日本が置かれている終末的な現状については、よくおわかりいただけたことと思う。ここからは、この先に日本でどのようなことが起きるのか見ていくこととしたい。

この章の冒頭でも触れたが、これだけひどい財政状況ではあるものの、日本国破産は国債暴落など自国要因を起点としては起きる可能性は低いだろう。日本の財政リスクに目を付け、日本国債の売り仕掛けをもくろむ海外投資家筋は増えてきているが、そう簡単に売り崩すことはできない。何しろ相手は、一兆ドルの外貨準備と三六〇兆円の対外債権を持つ日本政府、日銀である。売り浴びせにはなり振り構わない買い支えで応じるだろう。こうなれば勝てる投資家筋などいようはずがない。何より、日銀はすでになり振り構わず国債を買い漁っており、しかもまだまだ買う気満々である。

では、日本は破産しないかというとそんなことはない。日本国破産のシナリオは国債デフォルトではない、別のものだからだ。一二〇～一二一ページの図が、日本国破産の時系列シナリオだ。これを見てわかる通り、私たちに残された時間は極めて少ないのである。

まず、世界恐慌が目前に迫っている。二〇一七年─二〇一八年頃にはコトが起きると見ているが、その発信地は中国とにらんでいる。すでに今でもその兆候ははっきり出ている。二〇一五年六月以降の中国株式市場の急落では、中国政府が必死の買い支えを行ない、一部株式の取引停止をし、挙句には「悪質な空売りをしたものは逮捕」という恐喝まで行なって株価維持を図った。しかし、これほどのなり振り構わない政府介入にもかかわらず、上海株式市場は六月十二日の年初来高値五一六六・三五から八月二六日は二九二七・二八八と四三％以上も下落した。いかに中国政府といえども、市場原理に勝つことなどできないのだ。となれば、必ずや第二、第三のインパクトが訪れ、中国株式市場は本格的に大崩落する。

また、中国不動産バブルの崩壊が実体経済に波及する時期にも注意したい。日本では、九〇年代のバブル崩壊から実体経済に本格的な影響が出たのが二、三年後で、さらにその五年後の一九九七年に金融危機に見舞われた。バブル崩壊が実体経済に波及するには五年程度かかると見込まれる計算だ。中国の不動産バブルは二、三年前にすでに事実上崩壊を始めており、今はそれが実体経済にじわじわと影響し始めている時期である。したがって、バブル崩壊の本格的な影響が噴出するのはこれから二、三年後の二〇一七年─二〇一八年頃だ。中国で経済危機が起きれば、中国依存が進んだ世界経済にも直接影響がおよび、すさまじい世界恐慌に陥ることは必至だ。こうなると、日本もおしまいだ。ドミノ式に経済が崩壊することになるだろう。

まず、政府の税収増の要因となっている輸出型企業、トヨタや松下などの超大手企業の業績には甚大な大打撃がもたらされる。むろん、日本企業だけでなく、世界全体が大不況に襲われ、需要は激減、世界中のあらゆる企業が生きるか死ぬかという状況になる。日本政府の税収は大幅に落ち込み、そのうえ国民

シナリオ

2015年〜2017年の途中

見せかけの回復

←

2017年〜2018年

中国発の世界恐慌

←

その結果、税収激減、大不況＋バラマキ拡大＋さらなる日銀による国債買い取り

←

最新版預金封鎖までの

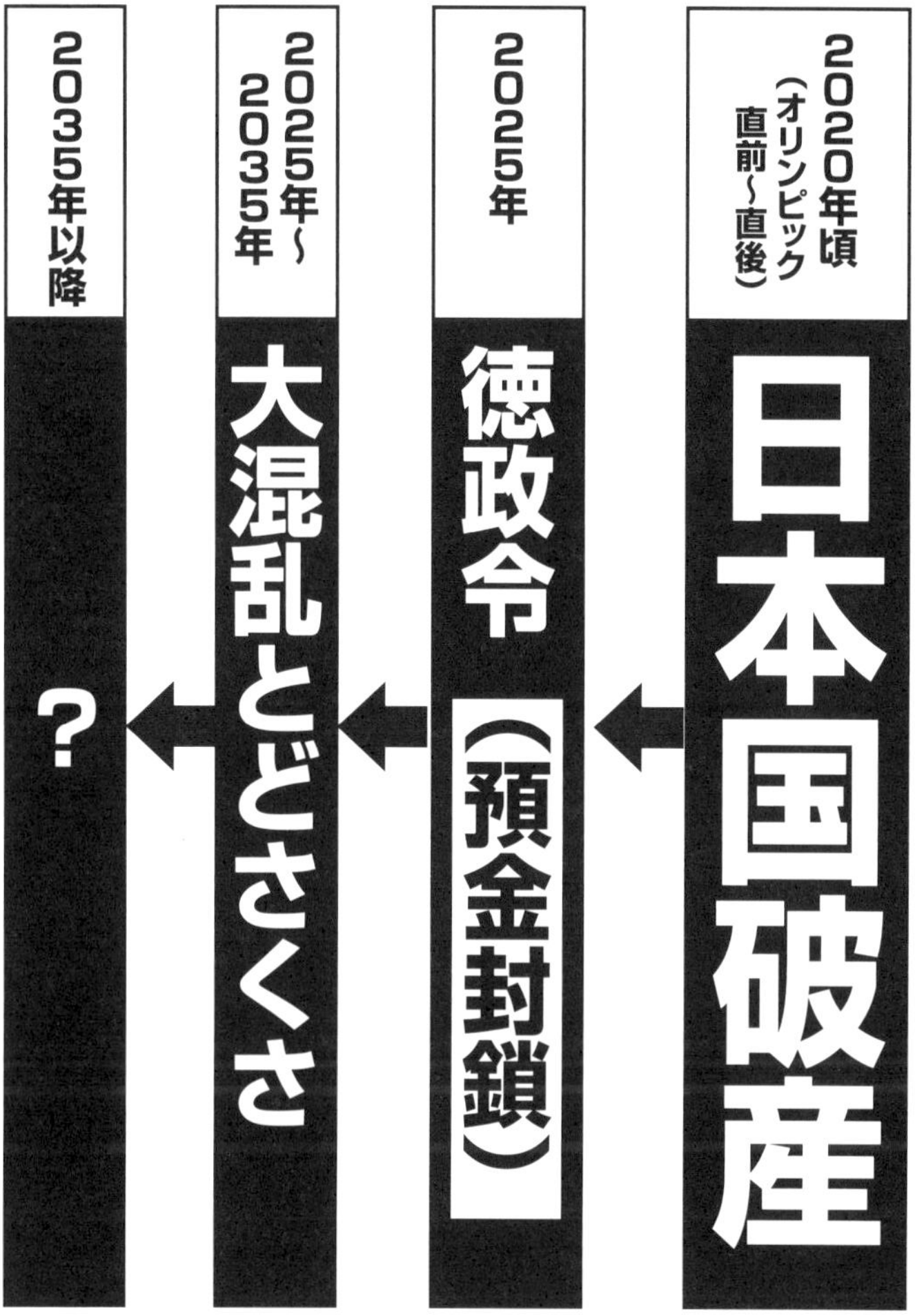
2020年頃
（オリンピック直前～直後）
日本国破産
2025年
徳政令
（預金封鎖）
2025年～2035年
大混乱とどさくさ
2035年以降
？

や企業を大不況から救済するため国はさらなるバラ撒きを行なわざるを得なくなる。財政出動を行なうとなれば、今ですら事実上新発債を買い占めている日銀は、さらに国債買い付けを加速することになる。また追加金融緩和も必要となるだろう。

政府債務が増えたうえ、日銀がさらに無茶な国債買い入れをすれば、国債暴落とはならずとも、それはいよいよ最後のバンザイ突撃ということになる。二〇一八年―二〇二〇年頃にはこのような事態に突入、そしてオリンピックを前後して実質的な国家破産状態に至る。

ただ奇妙なことに、「実質的な国家破産状態」でも、恐らく日本国債は簡単には暴落はしないだろう。二〇一〇年以降のギリシャでは、財政危機が国債暴落やデフォルトに直結する状態となっていることと対照的であり、少し奇妙に思われるかもしれない。これは、日本とギリシャにはいくつかの違いがあるためだ。まずギリシャの債務はユーロ建てであり、自国通貨建てではない。ユーロは共通通貨であるため、自国の中央銀行が通貨を発行し、国債を買い支えて価格を維持という手が打てないのだ。一方日本は、独自通貨を持っており日銀が通貨発行して国債を買い支えるという手が打てる。

また、ギリシャの債務はその約六五％が対外債務である。そのため、国債の信用力が下がればすぐに海外保有者が売り逃げし、価格は急落することになる。一方、日本国債は主に国内で消化されており、また日本国債は自国通貨である円建てで発行している。これは、イザとなれば日銀が無制限に通貨を発行して、これを買い支えられる、ということを意味している。大量の売り手が出ても、買い支えできる仕組みがあるのだ。

もちろん、これを現実に行なうということは借金を「マネー化」するということだ（九七ページ参照）。大量の借金を元に大量に通貨を発行すれば、その価値は薄まり、高インフレとなる。ただ、借金まみれの日本政府にとってはその方が都合がいい。高インフレになれば、借金は実質的に目減りするからだ。

自国通貨建ての内国債だからこそできるこういった方法は、しかし最悪の結果をもたらすだろう。ギリシャの場合、そのような「延命措置」が取れないいため、コトが深刻になり過ぎる前に状況が行き詰まり、是正を迫られることになる。その都度財政緊縮を行ない、国民は苦しみを味わうことになるが、通貨が紙キレになることはない。

しかし日本の場合は、果てしない延命の末に最悪の結果がもたらされる。

日本の破産は、まずインフレという形で忍び寄ってくる。始めはゆっくりと、そして最終的にはハイパーインフレという巨大な津波となって莫大な債務を実質帳消しにするだろう。その代償は「一億総資産消失」だ。究極のハイパーインフレが猛威を振るう時期は、二〇二五年頃とみられる。円資産の希薄化はインフレだけにとどまらず、急激な円安も引き起こすことになる。そして、インフレは市中の金利上昇も引き起こす。つまり、最終的には国債の金利暴騰すなわち国債価格の暴落につながっていく。ここまで来ると、もはや日銀がいくら買い支えても国債が暴落するという恐ろしい事態となる。政府は国債で財政を賄うことができなくなるのだ。日本国の完全な機能停止だ。医学でいうところの多臓器不全だ。心臓が止まり、脳死となり、様々な臓器も機能を停止するというやつだ。つまりは「死」だ。

大不況と大混乱、すさまじい貧困が特に高齢者と低所得者を苦しめるだろう。治安の悪化、デモや暴動、闇経済の拡大、精神病や自殺の激増など、破産国家が味わうあらゆる苦難が国民を呑み込む。こうなると、もはや日本政府だけで事態を収拾することはできない。いよいよＩＭＦが乗り込んで経済の大粛清を開始する。年金・給与の大幅カット、公務員削減、預金封鎖と苛烈な資産課税、金（ゴールド）の没収……およそ考えつく限りの財政再建策が容赦なく実行され、国民は資産を身ぐるみはがされることになる。

これが二〇二〇年の日本の現実

ここからは、庶民目線で二〇二〇年頃の日本がどんな状況かを予測する。もちろんこれは、タダの当て推量ではない。私が行なった世界中の破産国家への取材や、歴史研究に基づいて導き出した「国家破産によって起きること」を近未来の日本に置き換えたシミュレーションである。

正直、これを読んだあなたは自分の将来に絶望し、この国で生きていくことを諦めたくなってしまうかもしれない。しかし、もし二〇二〇年以降も生き抜いていく強い意志があるなら、これから日本に起きることとしっかり向き合い、真剣にサバイバルの方策を検討すべきである。

＊　＊　＊　＊

二〇二〇年夏。東京オリンピックの熱気が冷めやらぬ中、しかし一部の国民は不穏な冷気が流れ込むのを感じ始めていた。ここ数年、政府は国の威信をかけてこの一大お祭り騒ぎに取り掛かり、莫大な資金を投じてなんとか無事に取り仕切ることができたが、国内では経済格差の拡大が急激に進み、貧困層の増加が顕著となっていた。三年前の二〇一七年に起きた中国発の世界大恐慌によって、超大手から中小に至るまで企業は生き残りをかけた大リストラを決行、失業率は一時一五％に迫った。

政府の臨時財政出動によって失業率をねじ伏せ、国内を安定させてなんとかオリンピックに漕ぎつけたものの、若年失業率は相変わらず高止まりという状況である。やることのない若者たちは、自信たっぷりに街を闊歩し、派手に金を使い、あらゆるものを買い漁っていく外国人に嫉妬と怨嗟の視線を向け始め、彼らを狙った詐欺やスリ、強盗が多発するようになっていた。オリンピック、そして二〇〇円に迫ろうかという円安が追い風となり、外国人観光客は大挙して押し寄せていた。渡航者が年間二〇〇〇万人の大台に乗ろうかという勢いだが、治安悪化となればせっかく増え始めた観光客の収益に水を差しかねない。この年、警察は莫大な予算を割いて必死に犯罪をねじ伏せていた。

アベノミクス以降、悲願となっていたインフレ率は目標の二％を優に超えていた。しかし、「禁断の劇薬」であるはずの金融緩和は役目を終えるどころか、完全に出口を見失っていた。何しろリーマン・ショックを凌駕する大恐慌からまだ二年ほどしかたっていない。国内経済は瀕死の重傷から立ち直れず、とても緩和終了できる状態ではなかった。むしろ、更なる緩和で経済を下支えする必要があった。

景気対策、失業者救済、破綻懸念企業の支援……政府は引き続き財政出動を行なったため、政府債務の累積ペースが加速、ついにGDP対比三〇〇%の大台を超えた。日本国債の格付けは二〇一五年以降から段階的に引き下げられ、BB+にまで落ちていた。中韓はおろか、債務危機に揺れていた二〇一〇年代前半の南欧諸国にも劣るこの格付けに、海外筋は「投機対象」というレッテルを貼り、相場暴落時の空売りを仕込み始めていた。

しかしただひとり、日銀だけはこんな状態の日本国債をせっせと買い支え、市中にマネーを供給し続けた。その結果、日本のマネタリーベースは七〇〇兆円を突破、GDPをはるかに超えていた。

行きつくところまで来ていたマネーの希薄化は、インフレ率の上昇だけでなく、為替にも明確な影響をおよぼしてきていた。一ドル一七〇―一九〇円台を推移していた日本円は、政府の追加財政出動や日銀の追加緩和の度に急激な安値を付け、その都度日銀の為替介入によって通貨防衛することが常態化していた。かつては一〇〇兆円以上あった外貨準備も、為替介入で切り崩されつつある。そして、ついに来るべきトキが来てしまった。

一〇月某日、地獄の門が轟音と共に口を開けた。この日、財務省が発表した経常収支の内容が、予想をはるかに上回る赤字であることで世界中に衝撃が走ったのだ。それまでも経常赤字に転落することはたびたびあったが、今回の内容はここ数年でも群を抜くもので、これまでの日本の産業界の蓄えや海外投資による収益を、今後は輸入超過が完全に食いつぶしていくだろうことが容易に想像できるものだった。

しかも最悪なことに、この直前には国債を国内の金融機関だけでは消化できなくなったために、日銀が直接引き受けるというすさまじき法案が騒然とした国会で審議され始めていた。世界中の投資家は、これらによってついに日本が完全に借金で水没したと認識してしまった。突如として円売りが始まり、それに便乗しようと機をうかがっていた投機家筋、そして世界中の自動取引プログラムがこの動きに反応して空売り合戦を仕掛け、円売りは幾何級数的に増大していった。日銀の防戦むなしく日本円はあっさりと二〇〇円の大台をぶち破り、この日は一時二一〇円台を付ける超安値に振り切れた。これがきっかけとなって、為替はついに制御不能の領域へと突入していった。

これと連動して、日経平均株価は一五％超という戦後最大の下落率を記録した。国債先物市場ではサーキットブレーカーが作動し、ほぼ一日中市場が動かないというパニック状態に陥った。

しかし、幸いというべきか、日本国債現物はほとんど日銀が買い漁っていたため、売り崩されることはなかった。ただ、この「日本円ショック」以降、政府が国債を発行し日銀が引き受けるたびに為替は激しく反応し、円安はすさまじい勢いで加速することになった。

二〇二一年初。「日本円ショック」から遅れること数ヵ月、年をまたぐ頃にはついに輸入価格の高騰が庶民生活に影響し始めた。ガソリンなどのエネルギーに始まり、小麦や大豆などの輸入農産物や、それを原料とするパン、豆腐、ミソ醤油などの加工品もいきなり数十％の値上がりとなった。便乗値上げも横行し、消費は激しく冷え込んだ。中でも灯油価格の高騰は突出していた。折しも異常気象の影響で列島に大寒波が襲来、需給がひっ迫して前年の三倍から五倍にも値上がりする事態となったのだ。

灯油が買えず、一人アパートで孤独死している老人のニュースが激増した。かつては安価な肉の代名詞だったオーストラリア産の牛肉やブラジル産の鶏肉が「高嶺の花」になった。テレビのバラエティ番組は安い食材の調達法やいかに食費を切り詰めるかなど、節約ノウハウもの一色となった。

二〇二一年春。すさまじい円安とインフレに耐え切れなくなった企業は、生き残りをかけてさらなるリストラを敢行することになる。人員削減に加えて入社直前の新卒の内定取り消し、翌年以降の採用凍結が相次ぎ、学生デモが各地で頻発した。また、年一〇％を超える物価上昇が定着し、貧困にあえぐ年金生活者の万引き事件が激増した。さらに過激な高齢者たちも現れる。なんと飲み屋帰りのサラリーマンを、高齢者の集団が「オヤジ狩り」する事件が起きたのだ。物価上昇についていけず、貧困層に転落する人が激増していることを象徴する、信じられないような事件が次々と起こったのだ。

また、不動産の売却によって一時的に生活資金を工面しようとする人が激増し始める。著しい円安は、外国人からすれば日本の不動産をとても買いやすいものにしていたが、それでも東京二三区の一部や今後外国人観光客によって需要が見込まれる地域、物件以外はまともな値段がつかず、非常に安く買い叩かれていった。それでも背に腹は代えられない人々が物件を売りまくった結果、全国の不動産価格は著しく下落した。

国家的パニックの到来と徳政令

「日本円パニック」から一年半が経った二〇二二年五月、ついに日本経済が狂気に飲み込まれる日が来た。五輪特需もすでに収束し、また著しい円安とインフレが続いたことで民間企業は体力を削がれ続けていた。上場企業が軒並み過去最悪レベルの決算を発表すると、日経平均株価が再び一五％近い暴落となったのだ。最終的には夏までの数ヵ月で五〇％近い大暴落となり、四年前の恐慌の悪夢が冷めやらぬ世界経済は再びどん底に叩き落とされた。株で資産をほとんど吹き飛ばした投資家がにっちもさっちもいかなくなった。また、ＧＰＩＦ（公的年金を運用する年金積立金管理運用独立行政法人）が莫大な損失を抱えたことで年金の支払いが滞るという噂が流れ、各地の年金事務所に人が押しかけて多数のケガ人が出た。

一連の決算発表の中で、地銀数行が倒産するというデマも流れ、取り付け騒ぎも発生した。事態を予見していた財務省、金融庁の素早い対応によってパニックが拡大することはなかったが、バブル崩壊後の金融危機から約二五年ぶりに起きた取り付け騒ぎによって、人々はいよいよ日本の金融機関が危ないと本気で悟り始めた。

多少でも資産を持っている人たちは、こぞって海外への資産逃避を画策し始めたが、しかしこの時点ですでに手遅れの感があった。海外への送金規制がかなり厳しくなっていたのだ。二〇一七年の世界恐慌と時期を同じくして、金融庁は送金目的別の海外送金上限額を設定するなどの先手を打っていたのだ。当局が捕捉しやすい自己名義の海外口座はまだ送金しやすかったが、資金の流れを捕捉しづらい投資目的送金は一回あたりの送金額が厳しく制限された。また、ビットコインなど仮想通貨を経由した送金についても事業者への報告義務を課し、抜かりなく資産が捕捉できる仕組みを用意していたのだ。

さらに、空港などの税関もチェックが厳重になっていた。テロ対策としての液体や刃物などのチェックはもちろん、大恐慌以降は現金や金・プラチナなどの現物資産の持ち込み、持ち出しも厳しくチェックするようになったのだ。無申告の場合の罰則も強化された。金の延べ棒を無申告で持ち出そうとした資産家が、延べ棒を没収されるという見せしめ的罰則が行なわれ、世間の耳目をにぎわせた。

それでも資産逃避を行なう人々が急増したため、ついに政府が法改正に動いた。外為法が改正され、海外送金を事前登録許可制にしたのだ。これが事実上の金融封鎖の始まりだった。インフレの高進から、資産を外貨に転換して保有しようという人も大量に出始め、これも円安圧力になってきた。そのため、外貨保有についても制限が強化された。外貨預金や外貨建て投信などの保有額に上限が設定され、外貨建て商品の取引手数料が吊り上げられ、取引にかかる日数も長くなった。外貨現金に至っては、貿易決済と海外旅行目的以外の外貨転換が原則禁止となり、また貿易や旅行も非常に厳格な手続きを課せられるようになった。

庶民は、インフレがいかに恐ろしいものであるのかを身を持って味わい始めた。馴染みの喫茶店に一ヵ月ぶりに顔を出したら料金が倍になっていた、タクシーに乗ったらすごい勢いでメーターが上がったため途中で降りて歩いた、などという話がネット上に溢れ始めた。それがまた物価上昇の速度を早めた。また、二〇一〇年代前半には「デフレの代表選手」のように言われたハンバーガーや牛丼が、この時期ついに一〇〇〇円を超えた。

そして夏のある日、夕刊各紙の一面に衝撃的な見出しが躍った。

「消費者物価指数二九・七％　四八年ぶりの高水準」

一九七四年のオイルショックでおきた「狂乱物価」以降、じつに四八年ぶりに消費者物価指数が記録更新されたのだ。実際、庶民の生活はオイルショック時なみのパニックに陥っていた。

この頃、為替はもはや完全に制御不能となっていた。ひどい時には一日に一〇％近くも円安に振れることもあり、日本円は投機的通貨になり下がっていた。二〇〇〇年代後半の超円高の時期に外貨現金に両替していた数少ない人たちは、その価値が三倍から四倍にもなったと喜んだ。しかし何のことはない、高インフレで物価も当時から三倍以上になっている。もちろん、資産防衛としては悪くなかったが、運用として考えるなら今少し別の方法を講じるべきだった。

為替がこんな状況であるから、海外旅行はもちろん一部の富裕層の道楽となった。一〇年前には格安ツアーを使えば四〇万円で世界主要都市どこにでも行けたが、今では最低二〇〇万円はないと海外に出られないのだ。多くの庶民は、テレビの旅番組で気持ちを慰める他なくなった。

二〇二三年春、為替が三〇〇円の大台を突破し、いよいよ固定相場時代の三六〇円という水準が見えてきた。先進国の財務相・中央銀行総裁会議では、東京オリンピック以降常に世界経済の足を引っ張る劣等生ぶりを発揮してきた日本にすさまじい圧力がかかっていた。危機的財政を正し、経済安定をせよとの論調は、ついには制裁的措置の発動を示唆するまでに高まった。政府が国債を発行し、日銀がそれを買い支えるたびに為替は乱高下し、いよいよ外貨準備も底をつきつつあった。もはや貿易決済に準備する外貨も怪しい状況となった。日本から参加した財務大臣は、主要国の代表たちと握手を交わしていたが、顔面は明らかに血の気がなく、その笑顔は不気味に引きつっていた。中継の様子を見た一部の人が、ネット上で「XX大臣　死相が出とるがなｗｗｗ」などと非常に失礼なからかい方をし、ちょっとしたニュースになった。しかし、その失礼な発言はある意味正鵠を射ていた。死相が出ていたのは大臣ではなく、日本だったわけだが。

顔面蒼白の主要国財務相会合からわずか数日後、IMFは年次総会において極めて重要な発表を行なった。内容は、日本への金融支援をする用意があることと、その条件として政府・日銀に財政再建を促すもので、ご丁寧に具体的な再建案まで示されていた。その内容は一三年前の二〇一〇年、ギリシャがECBからの金融支援条件としてしぶしぶ飲んだ緊縮案にさらに輪をかけたものだった。

「年金支給開始年齢の引き上げ」

「最低賃金三〇％削減」
「公務員三分の一削減」
「公的機関の民営化」
「最高六五％までの所得税率の段階的引き上げ」
「消費税の欧州並み引き上げ（二三％）」
「酒、タバコ、燃料の税率一五％引き上げ」

ＩＭＦの試算によると、これらの施策は「あくまで弥縫措置」であるという。つまり、これ以上借金を増やさないための付け焼刃的措置、最低限の政策パッケージということだ。ここから債務削減を本格化するためには、さらに大規模で強力な追加財政緊縮が求められるとした。

また、国内産業の最適化と称して、ＩＭＦの悪名高い「経済侵略的条件」もしっかりと明記されていた。

「二〇職種の営業許可制度の廃止、新規参入障壁の撤廃」

これを実際に行なった場合、どうなるのか。参入障壁の高い弁護士、会計士などの士業分野、医療分野、教育、観光など今まで外資参入が難しかったところにも一気に外資が食い込んでくることになる。国力が弱っているところに外資系企業が押し寄せてきて、国内産業を好き放題に食い荒らされてしまうのだ。一九九七年のアジア金融危機では、韓国にＩＭＦが介入し、財政再建を行なったが、結果として韓国国内では財閥化が加速、すさまじい貧富格差が深刻な社会問題になった。国は助かったが、国民は苦境に追いやられたのだ。一九六〇年代に次々独立を果たしたアフリカ諸国にも、ＩＭＦは次々と金融支援（融資）を行なったが、実質的には経済搾取、貧富格差の拡大、社会的不平等など様々な問題が噴出した。ＩＭＦの論理からすれば、「ボランティアではなく融資であるから、利息分は回収する」ということになろう。しかしＩＭＦがやったことは、融資にかこつけた事実上の植民地支配だったとも言われている。

日本においても、このような経済状況で外資勢の参入を許せば、経済的侵略が一気に進むことだろう。

そして、やはりというべきか当然というべきか、次の条件も掲げられた。

「国民資産による政府債務との相殺（資産課税）」

富裕層からは財産税を取り、借金と相殺せよということである。これを行なうにあたって、実務上は引き出し制限や預金封鎖などの実施はほぼ間違いない。要は、IMFは日本に「徳政令をやれ」「国民資産で借金をチャラにしろ」と要求しているのである。

手持ちの外貨が枯渇し、このままでは世界経済の中での生き残りが絶望的な日本にとって、条件を飲まないという選択は実質的にはなかった。しかし、日本は表向き回答を保留した。それは、国内世論の形成に向けたプロパガンダを行なう時間を稼ぐためだったのだが、実はIMFが発表した融資と財政再建策の詳細に至るまで、財務相会合の舞台裏ですでに話がついていた。

それから三ヵ月後の二〇二三年夏。三五度の炎天下にもかかわらず、国会議事堂周辺は武装したデモ隊と機動隊が激しく衝突していた。この日、国会ではＩＭＦの融資条件受け入れの強行採決がなされると見られ、反対派の活動家や学生、年金生活者などが大挙して押し寄せてきたのだ。始めのうちは、いつものデモと同じように機動隊とにらみ合ったのち、「おしくらまんじゅう」をしていたが、この日はどことなく不穏な空気が漂っていた。しばらくするとこん棒を振り回し、石を投げつけるものが現れた。そしてついには、誰かが火炎瓶のようなものを投げつけた。機動隊員が火に包まれると、辺りが一瞬無音になり、次の瞬間誰もが「一線を越えてしまった」と直感した。幸い火はすぐに消し止められたものの、火を見て興奮した一部のデモ隊員と、恐怖に駆られた機動隊員によって、事態は一気に収拾不能に陥った。機動隊側は対応を先鋭化、催涙ガスと高圧放水で応酬した。デモは最悪の事態になった。デモ隊員二名が熱中症で死亡、けが人はデモ隊、機動隊合わせて六二名となった。

一方、国会議事堂の中、衆議院本会議場も、外のデモ衝突に劣らない修羅場を迎えていた。ＩＭＦ融資条件受け入れを巡って、この三ヵ月間会議場はほとんど格闘技場となっていたが、この日与党はついに融資受け入れの強行採決に踏み切った。議長の周りを与党議員が取り囲み、裁決読み上げを阻止しようと議長にとびかかる野党議員を殴り落としていた。怒号が飛び交う中、採決を読み上げた議長は、女性議員に顔を引っかかれ、スーツの裾をちぎられ、もみくちゃになりながら議場を退出していった。

二〇二四年初、とうとう日本はＩＭＦの指導、監視の下で、徳政令を行なうことになった。すでに国民生活は完全にメチャクチャになっていたが、ＩＭＦの代表理事が国会で演説するＴＶ中継を、多くの国民は圧倒的な絶望感に包まれながらただぼうっと見ていた。その様は、これから始まる更なる地獄を想像しないよう、必死になって思考停止しようとしているようにも見えた。

＊　　＊　　＊　　＊

悲観的に準備し、楽天的に対処せよ

いかがだっただろうか。ここで挙げた具体的な数字や時期は、必ずしも正確ではないだろうし理論的な根拠があるものではない。しかし、こういった事象が起こりうることは、過去の事例、歴史が証明している。こうした事実を元に悲観的なシナリオをシミュレーションしておくことは、生き残りの対策を講じるうえで非常に意義深い。最悪を想定して備えれば、イザという時に余裕を持って対処できるからだ。賢明な読者の皆様には、ぜひとも最悪を想定しつつ、次の一〇年に万全の備えを行なっていただきたい。

そして、できればさらにその一〇年先も見据えていければ、さらによいだろう。この章では国家破産が起きる二〇二〇年からどん底に至る二〇二五年頃に的を絞って見てきたが、次の章では二〇二五年以降に私たちが経験するだろうことに焦点を当てていく。

第三章

二〇二五年、老後消滅

——悲惨な中高年層が溢れる日本

〝悲惨な高齢者〟大量発生時代がやってくる

二〇一五年六月三〇日、東海道新幹線の車内で、七一歳の男性が何の関係もない五二歳の女性を巻き添えにして焼身自殺をするという前代未聞の事件が起こった。犯人は、低年金による生活苦を訴えていたという。

この事件から一ヵ月ほど前の五月一七日。川崎市内の簡易宿泊所で火災が発生した。宿泊所二棟延べ床面積約一〇〇〇平方メートルが全焼し、一〇名が死亡した。この簡易宿泊所に〝居住〟していたのは七四名。そのうち生活保護を受けていたのはなんと七〇名。その多くは高齢者であった。

この二つのニュースは、日々刺激的な情報が溢れている現代においても衝撃的であり、多くの読者の皆様の記憶にもあることであろう。私も、この二つのニュースから強いインパクトを受けた。ただそれは、「こんなことが起こったのか」というインパクトではない。「これから一〇年経てば、こういう事件は頻繁に起こる。これが一〇年後の高齢化日本の姿を暗示している」というインパクトだ。

読者の皆様も漠然と不安をお感じになっているであろうが、世界最速で少子高齢化が進むわが国の未来は、私たちが漠然と感じている次元をはるかに超えて悲惨な結末を迎える。これは脅しでも何でもない。なぜなら、私たち日本人の大半は、いい経験、甘い経験しか記憶にないからだ。

人は自分の経験・記憶をベースにしてしか未来の姿を描くことはできない。私たち日本人大半の記憶にあるのは、高度経済成長、バブル、そしてせいぜいバブル崩壊。バブル崩壊後は「失われた二〇年」などと言われたが、しかし国家が国家の体をなさず何百万人も難民を生み出しているシリアのようなことはない。ギリシャやスペインのように若年層の失業率が五〇％を超えるなどということもない。国家は安定し、経済もデフレが問題視されてはいるが、前記のような南欧の国々などと比べればなんと安定していることか（まして、途上国と比べれば！）。情報過多と言われるくらい情報は溢れ、ネットは規制されず言論は自由。これなども一党独裁で言論の自由などないお隣り中国の現状と比べれば、天国と地獄の差である。それでも安倍政権を「独裁」などと言って大騒ぎする者までいるのだから、今の日本人がいかに恵まれた環境に慣れて甘えて生きているかである。

テレビを見ていると時折、恵まれた環境に慣れ切った日本人が、ちょっとした政策や行政の問題に対して、「これでは生きていけない。死ねってことですか」などと口走っているのを目にすることがある。しかし、これからの日本はそんな甘えた意識では生きていけない。これからの日本は悪い意味で未踏の領域――世界最速の少子高齢化――に踏み込むからだ。

人口減少問題に詳しい経済学者である政策研究大学院大学名誉教授の松谷明彦氏は、現在の年金制度は早晩破綻するだろうと指摘した上で、年金の破綻はほぼ確実なのだからリスクではないと言う。そして、年金破綻によって高齢者難民が続出するなど、社会の崩壊にまで発展しかねないことが真のリスクだと述べる。ベストセラーとなった『下流老人』の著者であり、聖学院大学客員准教授の藤田孝典氏は「このままでは普通の人が下流化する〝一億総老後崩壊〟の時代がやってきてしまう」と危機感をあらわにする。

世界最速の少子高齢化に対する制度的準備はまるでできていない。国民の心理的備えもまるでできていない。私には、今の日本人は人に飼われた野生動物のように見える。人に飼い慣らされて、自然の厳しい環境の中で生きる能力を失ってしまった動物だ。だから、自然に帰すと適応能力がないため死んでしまう。悲惨な高齢者の大量発生（さらに言えば、悲惨な働き盛りも大量発生するのだ。詳しくは後述する）。これから生起するこの事態に対し、多くの日本人はただただ不安に陥り右往左往するばかりであろう。本章ではその近未来の姿を、数字と制度説明を盛り込みながら、わかりやすくお伝えしよう。

正しい情報を知らないと、悲劇に見舞われる

新幹線車内で焼身自殺した七一歳の男性は、自殺の一八日前にあたる六月一

二日、居住する東京・杉並区の区議に電話で「年金が少なくて生活が大変」と相談していたという。老人は生活保護を受けておらず、区議は生活保護の申請が可能かどうかを確認するつもりだったというが、それがなされる前に事件は起こってしまった。自殺した老人は、焼身自殺の九分前には杉並区役所に電話をかけたとも報じられている。いろいろアクションは起こしていたのだ。それでも生活苦から解放される道筋は見えず、凶行に至ってしまったわけである。彼は生活保護を受けることはできないと思い込んでいたのであろう。本当にそうだったのか。

生活保護は、厚生労働大臣が定める基準で計算される「最低生活費」と収入を比較して、収入が最低生活費に満たない場合に、最低生活費から収入を差し引いた差額が保護費として支給される。彼が「少なくて大変」と訴えていたという年金額は、一ヵ月当たり一二万円であったと報じられている。杉並区在住・七一歳・一人世帯の場合、最低生活費は七万四六三〇円となる。この数字は、厚生労働省のホームページなどから比較的簡単に導き出すことができる。

これだけ見ると、年金収入＞最低生活費で、彼は生活保護を受けることはできないように見えるが、実はこの数字は生活保護の中の「生活扶助」——食費・被服費・光熱水費など——部分でしかない。生活保護にはこの他に、「住宅扶助」「医療扶助」などがある。彼の知人女性の話によれば、「介護保険料や家賃、光熱費を払うと手元にほとんど残らないので生活できない」と訴えていたという。介護保険料は、年金の額面が一二万円なら大体五〇〇〇円くらいになる。また、おそらく国民健康保険料も支払っていたであろうが、こちらは月額一万円弱と推計される。もちろん食費や光熱費、洗剤やトイレットペーパーなどの生活必需品にもお金はかかるし、年齢から考えて薬代や医療費もかかっていたかもしれない。このように積み上げていくと、彼は確かに最低生活費ぎりぎりの生活を強いられていたようで、しかるべき人に相談し申請すれば杉並区で生活保護を受給できた可能性も出てくる。

実は、裏目に出た可能性が高いのが家賃だ。彼は家主に交渉して家賃を四万円に下げてもらったと報じられているが、杉並区を含む東京二三区の場合、住宅扶助の上限額は五万三七〇〇円。貧困や生活保護の問題に詳しい立教大学大学院特任准教授の稲葉剛氏によれば、東京在住の七〇代単身の生活保護の基準は「現在住んでいるところの家賃額に七万数千円をプラスした金額」であり、生活保護の基準は一三万円程度とのこと。これなら自殺した老人は該当することになるが、しかしこれは家賃が前述した上限額かそれに近いアパートに住んでいる場合なのである。四万円の安アパート住まいでは年金収入が支出を上回る計算になり、この基準に達せずハネられたかもしれない。彼は一二万円の年金なら生活保護は受けられない、この中でやりくりするしかないと思い込んでしまっていたのだろうが、もしここまで詳しい説明とアドバイスを得られていれば……。

ちなみに、彼は生活保護自体を申請していなかったが、生活保護受給者の中にも「家賃が安いと生活費が浮く」と思っている人が少なくない。しかし、それはカン違いなのである。住宅扶助は最低限の生活を営むための生活扶助とは別途支給される。家賃が四万円なら四万円、家賃が五万三七〇〇円なら五万三七〇〇円が支給されるのだ。だから、そこで無理に切り詰めても意味はない。

前述したように、彼は杉並区議に相談の電話をした。この時、区議が年金や生活保護の制度についてどのくらい詳しく説明したのかは不明だが、少なくとも自殺した老人に希望を与える説明はできなかったことは間違いない。生活保護に限らないが、今日、様々な制度・システムが複雑化しており、一般の人ばかりでなく、区議レベルでも十分な知識がないことが多い。それが命取りになるのである。ついでに言えば、杉並区の場合、生活困窮に対する相談窓口は区役所ではなく区内三ヵ所にある福祉事務所だ。この自殺老人に限らず、一般の人は「まず区役所」と思うだろう。生活保護という制度はあっても、その適用を受けるまでには知っておかなければならない基本的な事柄がかなりある。

自殺した老人は、電話できる区議を知っていただけでなく、地元の草野球チームに所属したり、友人と釣りに出かけたりするなど、それなりの交友関係を持っていたという。マスコミでもしばしば取り上げられる世間と隔絶した孤独な独居老人とは異なる。しかしそれでも、正しい情報・的確なアドバイスを得ることはできず、惨劇におよんでしまったのだ。今の日本、情報は溢れているようでも、「ネットに出てたよ」とか「○○なんじゃない」というようないい加減な話があまりにも多いのだ。本当は大した根拠のない話でも、複数から聞いたり強く言われたりすると、「そうなのか」と信じてしまうことは多い。正しい情報を得るのは、意外と難しいのである。

配偶者も子供もいない〝独居老人〟が激増する

ここまで、生活保護を受ける高齢者の現状を見てきたが、これは今現在の話だ。これから高齢者はますます増えて行く。しかも、大家族で支えあった昔と異なり、核家族化時代を築いてきた世代が高齢化するのだ。昨今、しばしば問題視される身寄りのない「独居老人」が増えていくのだ。独居老人――六五歳以上の一人暮らし高齢者の増加は、男女共に顕著である。まだ古き良き昭和の時代であった昭和五五（一九八〇）年、独居老人が高齢者人口に占める割合は、男性ではわずか四・三％、女性でも一一・二％であった。女性の比率が高いのは女性の方が長生きだからであり、連れ合いに先立たれた奥さんととらえていいだろう。高齢者全体として見れば、独居老人は高齢者の一割にも満たなかった。ちなみに当時、六五歳以上の高齢者親世代と既婚の子供世代との同居率は五割を超えていた（五二・五％）。お年寄りは結婚した子供と住む——昭和の時代は、そういう〝家族〟の時代であったのだ。

しかし時の流れと共に、大家族から核家族に、核家族からバラバラの〝個〟の時代になっていった。高齢者に占める独居老人比率は、二〇一〇年には男性で一一・一％、女性では二〇・三％まで上昇。二〇一五年は男性で一二・九％、女性では二一・三％と推計されている。独居老人比率の上昇と反比例するように既婚子供との同居率は下がり続け、二〇一四年には一三・八％。しかも、まだまだ下げ止まり感はない。独居老人比率は今後さらに上昇し続け、二〇二五年には男性一四・六％、女性二二・六％、二〇三五年には男性一六・三％、女性二三・四％にまで増えていくと推計されている。遠くない将来、高齢者の二割は独居老人になるのだ。

しかも、バラバラの〝個〟の多様な生き方が尊重されるようになった結果、一五七ページのグラフで一目瞭然だが生涯未婚率（五〇歳時の未婚率）も急激に上昇している。つまりこれからの独居老人は、子供はいるが連れ合いを亡くして一人で住んでいる高齢者ではなく、配偶者も子供もいないまったく身寄りのない独居老人、こういう高齢者が急増していくのである。これでは藤田孝典氏が訴えるように、「一億総老後崩壊」の時代が到来して何ら不思議はない。

一〇年後の日本では悲惨な〝貧乏壮年〟が激増

ここで、一〇年後の二〇二五年のある一人の男性の姿を見ていこうと思う。この男性、二〇二五年にはまだ本章のテーマである「高齢者」ではない。働き盛りの五〇代前半である。しかし二〇二五年以降の日本社会は高齢者だけでなく、本来働き盛りであるはずのこの年齢層も目も当てられない悲惨な状況に

一人暮らし高齢者の動向

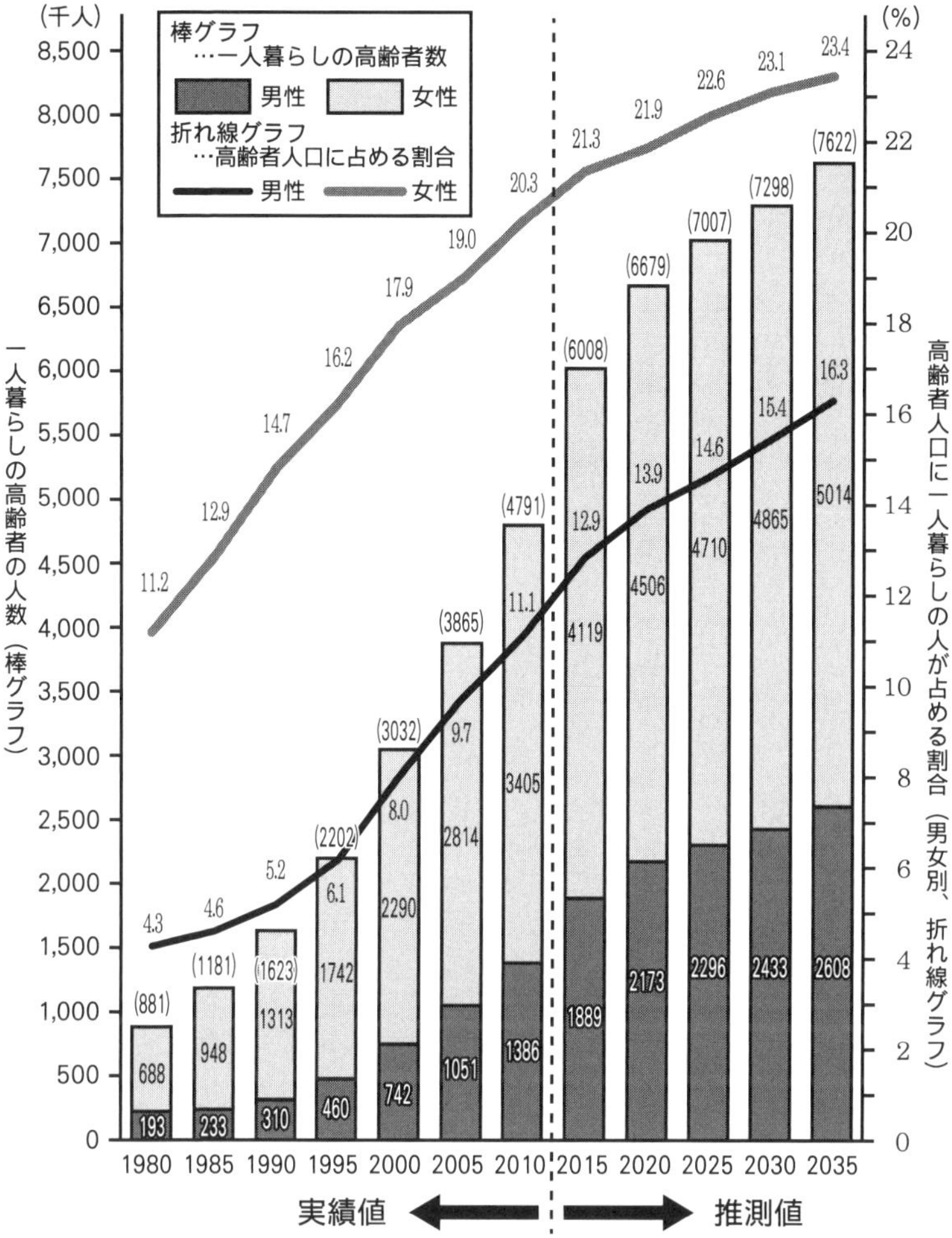

平成26年版 高齢生活白書・内閣府の資料を元に作成

陥っている可能性が高いのだ。だから、これから書くストーリーは決して絵空事ではない。なお、この物語の主人公の名前は「佐藤誠」という。佐藤誠は、団塊ジュニア世代でもっとも多い名前だ。だから、読者の中に同姓同名の方がいるかもしれないが、どうかご寛恕《かんじょ》いただきたい。

＊　＊　＊

二〇二五年。昭和四八年（一九七三年）生まれの佐藤誠は、五二歳の誕生日を迎えた。職業は……一応フリーター。今は前のバイトが切れて、次のを探している。だから無職だ。正社員でなくなってからもう二五年にもなる。数年前までは同居する両親の年金が合わせて二〇万円くらいあり、それに助けられて暮らしていたのだが、相次いで両親が亡くなった今は、月一〇万円程度のアルバイト代だけになってしまった。当然、結婚もしていないし、子供もいない。

誠はいわゆる団塊ジュニア世代。人数が多い分、同世代での競争は激し

生涯未婚率の推移

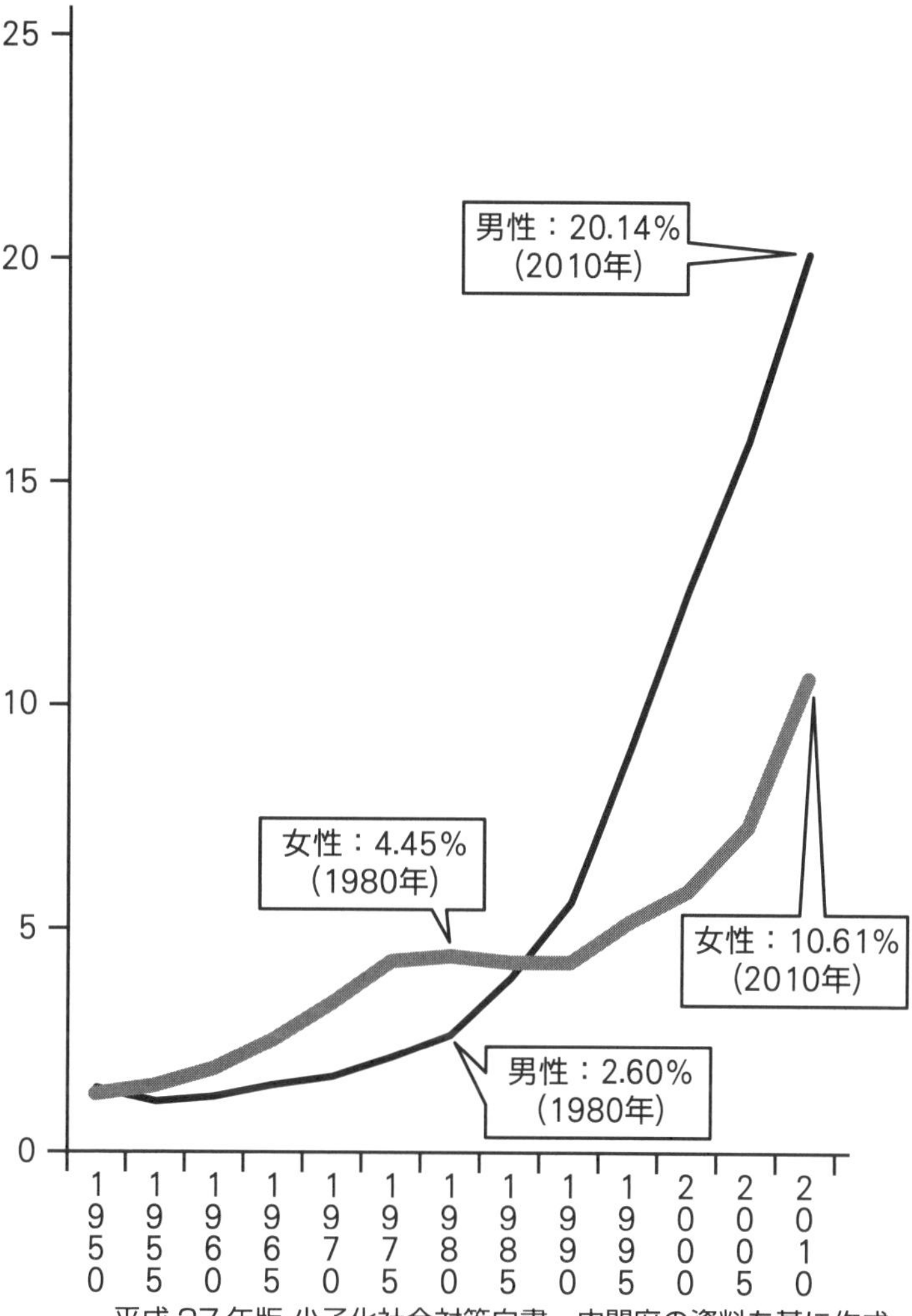

平成27年版 少子化社会対策白書・内閣府の資料を基に作成

く、大学は「入りたい大学より入れる大学」に入った。団塊ジュニア世代は「貧乏くじ世代」と呼ばれることもあるが、誠の場合はまさにそれが当てはまった。大学卒業時はバブル崩壊後の就職氷河期。なんとか就職にはこぎつけたものの、意に沿わない会社だったため数年で退職。転職先を探したが不況により再就職はままならず、いわゆる失業保険やアルバイトで食いつないでいくうちに年を取り、正規雇用はどんどん難しくなっていった。なんとかアルバイトの職を得た時も、居心地は悪かった。当然条件は悪い。社内でなんとなく見下げられている気がする……。いや、実際に年下の上司に無能扱いされ、腹を立てて辞めたこともあった。それでも、「なんとかしよう」と勉強して資格を取ったこともある。資格取得にかかる費用は高額だが、比較的簡単に取得でき、しかも役立ちそうに見えたからだ。しかし、取ってはみたものの、その資格は正規雇用の就職にはまったく結びつかなかった。どうやら、さも権威がありそうな「○○協会」という名で人を釣る「資格ビジネス」とやらだったらしい……。

そうこうしているうちに、付き合いの幅も狭くなっていった。学生時代一緒に遊んだ仲間も、なんとかそれなりに暮らしているやつが多い。引け目を感じて、そういうやつらとは付き合わなくなっていった。多少付き合いがあるのは似たような境遇の仲間だが、彼らと一緒に酒を飲んでも、どうしても愚痴ばかりになる。それに、まあその時は憂さは晴らせても、根本的解決にはならない……。

誠は先日ついに意を決して、役所を訪ねて生活保護を受けられないか相談してみた。しかし、生活保護の受給条件は近年どんどん厳しくなっていた。それも当然であろう。高齢者ばかりでなく誠のような生活苦団塊ジュニアも激増し、生活保護のための社会保障費は二〇兆円近くまで膨張していたのである。誠は、自宅を売らなければ生活保護は受けられないと言われた。しかし、うちには今は亡き両親の遺物がまだ山のようにある。ゴミ屋敷と言っては言い過ぎだが、家を売るならまずその前にそれらを整理・処分しなければならない。しかし、そんな気力も資金も、今の誠は持ち合わせていなかった。

役所からの帰り、誠は駅で無意識の習慣のように無料のアルバイト情報誌を手に取った。しかし、最近はもう真剣にアルバイト情報誌を見る気力も失っていた。「どうせ、いいバイトなどあるはずがない……」。気分転換のために駅前のマックに立ち寄って、一番安いハンバーガーを注文する。朝ご飯は食べなかったから、遅いブランチだ。カウンターに腰を下ろすと、空き缶を集めている老人の姿が目に入った。この一〇年、どんどん増えている。「俺もああなるのか……」。誠はハンバーガーを食べ終わったあとも、ただぼんやりと外を眺めていた。

＊　＊　＊

少し前の常識からすれば、この誠の年齢なら企業の部長職あたりのポジションで、子供もそろそろ独立する頃。夫婦で第二の人生を考える——といったイメージになろう。しかし、一〇年後の壮年層の姿は違うのだ。

実際、今現在、三五歳―四四歳の中年「非正規労働者」は激増している。誠たち団塊ジュニア世代がその激増の中核部分となっているのだ。その理由は、先の物語に書いた通りである。過当競争に就職氷河期が重なったため、ドロップアウトする者がたくさん出てしまったのだ。総務省の労働力調査によれば、主婦のパートなど既婚女性を除いた中年「非正規労働者」数は二〇一二年には一〇四万人（うち男性は半数以上の六一万人にものぼる）。二〇〇二年には五一万人であったから、一〇年で二倍以上にまでなっているのだ。働くことを諦めた人もいる。独立行政法人「労働政策研究・研修機構」によれば、二〇一二年における三五歳―四四歳の中年「非求職無業者」は四〇・一万人で、うち男性は二五・五万人。

彼らは年金保険料の納付実績が少ないため、仮に年金制度が存続したとしても、低年金・無年金になると予想される。しかも、詳しくは後述するが、高齢者数のピークは一九七三年生まれの誠が六九歳になる二〇四二年と推計されており、一六七ページの人口ピラミッドから明らかなように、大量発生する団塊ジュニア高齢者を支える若い年齢層は細っていく一方であり、団塊ジュニア層を支える年金制度など到底考えられない。年金制度の崩壊は必至である。

そういう彼らの貧困を生活保護でなんとかしようとすれば、二〇兆円近い追加費用が必要になるとの試算もある。今でさえ借金まみれのこの国が、それをどうやって手当てしようと言うのか？　ちなみに、かつての誠のように「三五歳—四四歳で親と同居する未婚者」は二〇一二年の段階で三〇五万人。この年齢層の一六・一％を占める。中年「パラサイト（寄生虫）・シングル（独身）」である。彼らの多くは、親が亡くなり年金がなくなると破綻する。「下流老人」を特集した『週刊東洋経済』二〇一五年八月二九日号で、まさにそれに該当する男性の例が挙げられているから、かいつまんでご紹介しておこう。

その男性は一部上場企業に勤務し、年収は八〇〇万円ほどあった。しかし、四〇代半ばで介護離職。会社を辞めたあとの収入は両親の年金一〇万円のみとなり、療養費などの負担が重く毎月赤字。約八〇〇万円あった貯蓄は一〇年ほどでゼロになった。離職から二〇年後に両親が他界。家計の支えだった年金がなくなった男性は自身が年金を受け取れる六〇代半ばになっていたが、会社を辞めてからは保険料を払えなかったため、年金額は一〇万円にも満たなかった。最終的に男性は、生活保護を受給することになったという。

一〇年後の日本では、このような人が大量に生まれるのである。

人口ピラミッドが明示する日本の信じがたい未来

今まで述べてきた悲惨な近未来像をさらにしっかり認識してもらうために、人口ピラミッドの変化を見ていただこう。これを見ると、わが国の将来の姿を視覚でとらえることができる。まず、全体像を眺めてみる。かつては働き盛り層や若年層が多かったのが、時の推移と共に高齢者が増えていき、若年層ほど細っていくことが見て取れる。

ここで、わが国社会保障制度（年金・医療・介護の制度）の基本を確認しておく必要がある。年金を中心としたわが国の社会保障制度は、基本、〝世代間扶養〟の考えで作られている。世代間扶養とは、現役世代がお金を出して働けなくなった高齢者の面倒を見るということだ。もっとわかりやすく言えば、古き良き昭和の時代、お年寄りは結婚した子供夫婦と同居していた。そしてお年寄りは知恵を出したり、子育てを助けたりし、子供夫婦は段々弱っていく老親を支えた。そういう家族観・価値観を社会全体のシステム化したのが、世代間扶養を原則としたわが国の社会保障制度なのである。逆の言い方をすれば、そのような価値観がどんどん崩れていき、面倒を見る（＝お金を出す）若年層が細っていく一方の社会においては、そのような社会保障制度は成り立たない。崩壊するしかないということである。

グラフを詳細に見ていこう。六五歳以上の高齢者は一九九〇年には人口の一二％しかいなかったのに、二〇一四年実績では全人口の四分の一を超え二六％に。さらに二〇二五年には三〇％になるという（「なるという」と書いたが、人口推計の精度は極めて高いので、まず間違いなく「なる」といえる）。わずか一〇年後には日本人の三割が〝お年寄り〟という社会になるわけだが、三〇％の

日本の人口ピラミッドの変化

※団塊の世代がすべて75歳となる2025年には、75歳以上が全人口の18%となる。
※2060年には、人口は8,674万人にまで減少するが、一方で、65歳以上は全人口の約40%になる。

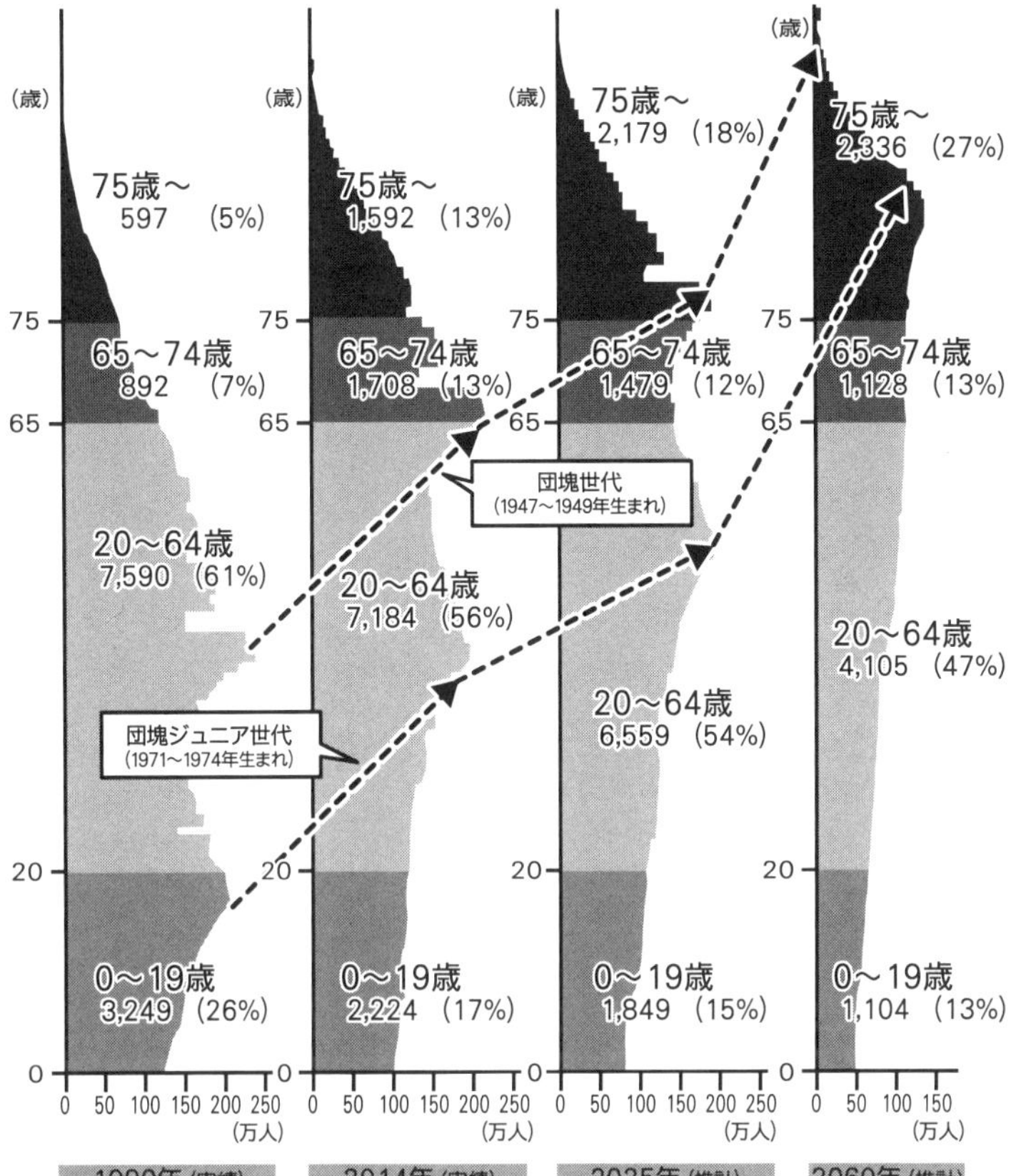

総人口：1億2,361万人　総人口：1億2,708万人　総人口：1億2,066万人　総人口：8,674万人

総務省「国勢調査」および「人口推計」
国立社会保障研究所「日本の将来推計人口 出生中位・死亡注意推計」を基に作成

中身を見てみるとより恐ろしい姿が見えてくる。七五歳以上の後期高齢者が人口の一八％、二割近くを占めるようになるのだ。医療費も介護費も六五歳と七五歳以上とでは、格段に違ってくることは言うまでもない。

厚労省によれば、六五歳から六九歳の年齢層における一人当たり「医療費」（平成二四年度・医療保険制度分）は四五・一万円であるのに対し、七五歳―七九歳だと七六・八万円、八〇歳―八四歳だと九一・〇万円に跳ね上がる。介護もそうだ。厚労省・総務省によれば、要支援・要介護認定者の割合は、四〇歳―六四歳で〇・四％、六五歳―六九歳で二・九％と微々たる数字であるが、加齢と共に急速に高まり、七〇歳―七四歳だと六・二％、七五歳―七九歳で一四・〇％、八〇歳―八四歳で二九・六％、そして八五歳以上では五九・六％にまで跳ね上がる。それにともなって当然、医療・介護にかかわる「費用」は膨らむ。これも厚労省の将来推計によれば、二〇一二年度実績に比べ、二〇二五年度は医療にかかわる費用は一・五四倍、介護にかかわる費用は二・三四倍になるという。

　これだけでも、不安で背筋が寒くなるものがあるが、問題は急増する高齢者（特に七五歳以上の後期高齢者）にばかりあるのではない。それを支える現役世代にも大きな問題が潜んでいるのだ。そう、先に取り上げた「団塊ジュニア世代」（一九七一年―一九七四年生まれ）だ。

　二〇二五年、彼らは五一歳―五四歳という本来なら働き盛りの年齢になっている。人口ピラミッドで明らかなように、その層はかなりの山になっている。この年代層が高齢者を支えてくれれば、まだ多少希望の光は見えようというものだ。しかし……。もちろん、競争に勝ち残って勝ち組となった団塊ジュニアもいる。だが、あの誠のように激しい同世代競争に敗れ、さらにバブル崩壊後の就職氷河期に見舞われた彼らの中には、貧困中年に陥りそこから抜け出せなくなった者も少なくない。高齢者を支えるどころか、自分たちが支えてもらわなくてはいけない存在になっているのだ。

女性の社会進出は逆少子化対策

二〇一五年九月二四日、自民党総裁に再選された安倍晋三首相は、「アベノミクス第二ステージ」として「新三本の矢」を掲げた。曰く、二〇二〇年のGDP六〇〇兆円、合計特殊出生率一・八を目指す子育て支援、「介護離職ゼロ」を目指す社会保障の充実。しかし、どうもこの新方針、あまり評判は芳しくない。保守系論調で基本的に安倍政権に好意的な産経新聞ですら、九月二六日付社説において、「『GDP600兆円』目標裏付ける具体策示せ」と題し、「強い経済、子育て支援、社会保障を『新しい三本の矢』と位置づけ、少子高齢化時代に誰もが活躍できる社会を目指すのだという。景気に勢いはなく、経済再生は果たせていない。安全保障関連法が成立した今、再び経済に軸足を置くのは当然だが、聞こえのいいキャッチフレーズとは裏腹に、成長への明確な道筋はみえない」と手厳しい。その通りであろう。「問われる具体策」（日経見出し）など、他紙の見方もおおむね厳しい。こと経済政策に関しては、安倍政権は矛盾だらけで針路が見えないと言わざるを得ない。

指摘しておこう。

ここでは、本章に関係する少子化と年金の問題に絞って、そのおかしな点を指摘しておこう。まず、少子化対策だ。少子化対策の反面教師になるのが、私が年に二回は必ず訪れるシンガポールだ。シンガポールは二〇一四年の一人当たりＧＤＰが五万六三一九米ドルで、三万六三三一米ドルの日本をはるかに引き離してアジアでダントツのトップに立つ。極めて戦略的な国家で、二一世紀に入っても高度成長を続けてきた（二〇一〇年などは、驚くなかれ一五・二四％！）。しかしこのシンガポール、合計特殊出生率はなんと一・一九（二〇一四年）で、一・四二のわが国以上に少子化に頭を痛めているのだ。

その原因は何か。大きな要因の一つとして考えられているのが、男女の格差がなく、強いキャリア志向社会であることだ。天然資源のない小さな島国シンガポールにとって、活用できるのは限られた人的資源だけであった。そのため、男女の別なく能力に応じてチャンスが与えられるべきという能力主義の方針が確立した。よって女性の社会進出は、日本とは比較にならないくらい進んでいる。たとえばシンガポールのエリートを象徴する公務員（シンガポールの官僚は高給取りで、トップクラスだと年収は一億円近くにもなる）だが、業務の内容や学歴により四階級に分類されている。大学での成績上位者に授与される名誉学位で卒業した者は一級職員となるが、一級職員四万四七二〇人中に占める女性比率は、なんと六三・三％（二〇一二年）で、女性が男性をはるかに上回っているのだ。女性の社会進出という点では極めて進んでいるとも言えるが、その結果が少子化なのである。つまり、結婚よりキャリア、子供を生むことよりキャリアという価値観になっているのである。経済成長そのものは続いているので財源は豊かなシンガポール政府は、少子化対策として結婚支援、出産奨励金の支給、子育て支援補助金の支給など様々な手厚い対策を打ち出し続けているが、目立った効果は上げられていない。

ひるがえって安倍政権。目標として「希望出生率一・八」を掲げたことは画期的だ。評価に値しよう。しかし目標は結構だが、現実の動きはあまりにもチグハグではないか。たとえば「すべての女性が輝く社会づくり」を謳い、具体策では「隗より始めよ」の観点から、「女性国家公務員の採用を一層拡大すると共に、積極的な登用を推進」している。これは、シンガポールの現実を鑑みれば、これは逆少子化対策になる恐れはないのか？　安倍政権、こと経済政策に関してはどうも十分な考察なく、なんとなく受けが良さそうなキャッチを振りかざしている感じがしてならない。こんな自己撞着に陥っているアベノミクスで、少子化が解決されることはあり得ないであろう。

金融政策は手段であって究極の目的ではない

金融政策のおかしさは、これ以上に鮮明だ。総裁再選会見で安倍首相は「デフレ脱却はもう目の前だ」と強調したが、そう感じている人は少数派であろう。それでも、アベノミクス第一弾で、一見もっとも効果的だったのは「二年で二％のインフレ」目標を掲げた異次元金融緩和政策であったが、その効果も為替や株式といったマーケット部分に限られ、実体経済にはほとんどおよんでいないことが次第に明らかになってきた（私は二〇一三年七月発刊の『株と不動産はあと2年でやめなさい！』（第二海援隊刊）の中で、すでに「アベノミクスで喜んでいるのは安倍バブルに乗っている者だけ」「それでも伸びない設備投資」について指摘したが、ここにきてそれが多くの方にも理解されてきている）。

そもそも論になるが、「二％のインフレ」などを目標にすること自体、いかがなものだろうか？　インフレには、経済活動が拡大して総需要が拡大する結果として生じる「デマンドプル・インフレ」と円安や原油価格上昇といった外的な要因によって生産コストが上昇するために生じる物価が上昇する「コストプッシュ・インフレ」とがある。もちろん、前者が「良いインフレ」、後者は「悪いインフレ」だ。私がもっとも尊敬する経済学者である野口悠紀雄氏（早稲田大学ファイナンス総合研究所顧問・一橋大学名誉教授）は、「良いインフレ」「悪いインフレ」を区別せずに、インフレ率だけを目標とするのは「誤りだ」と断じる。もっともであろう。

さらに、アベノミクスで起きていることに関しても、野口氏は次のように指摘する。「円安によって原材料価格が値上がりし、それが製品価格に転嫁されて消費者物価が上昇している。これによって家計の実質所得が減少し、実質消費が減少している。それが経済成長率を押し下げている。これは、望ましくない物価上昇だ」。多くの国民の実感ではないだろうか。

また野口氏は、黒田日銀の市場のサプライズを狙った追加金融緩和政策に関して、このように断じる。「通常の金融政策であれば、サプライズを狙う必要はない。サプライズを狙うのは、投機心理に与える影響を重視するからで（中略）円安や株高の投機をあおろうとする追加緩和は、非常に不健全な政策だ」。極めて正論ではなかろうか。

またそもそも論になるが、「金融は経済の血液」と言われる。経済活動にお金は不可欠であり、血液の流れのようにお金の流れも良くするのが金融政策の目指すところだ。しかし、それはあくまで手段であって、究極の目的ではない。究極の目的は健全な体であり、健全な経済である。健全な経済とは、社会や人々の衣食住に役立つもの喜ばれるものが作られ、広がっていくことだ。金融の役割というのはその手段に過ぎない。金融緩和をして円安になって株価が上がって……などというのは、その本来の経済の目的とは何の関係もない。

巨額の政府債務はインフレで解決するが、年金は破綻する

さて、本章の最後になるが、今取り上げたインフレと年金の問題について述べておきたい。私は前著『ギリシャの次は日本だ！』（第二海援隊刊）の中で、次のような近未来シミュレーション（一応舞台は二〇二〇年）を描いた。

＊　＊　＊

悪しき円安に起因するこのような事態が次々と起こり、日本中に不満と不快感が充満して行く中で、国会に驚くべき法案が提出された。日銀による国債直接引き受けを可能とする日銀法改正法案である。「悪性インフレが

さらに止まらなくなる！　一〇％台どころではないハイパーインフレになる！」――多くのマスコミは大々的にこの法案に反対するキャンペーンを打ったが、もう時すでに遅しであった。政府にはもうそれしか手がなくなっていたのである。

そこまで追い詰めた主因は、年金であった。わが国の公的年金は「物価スライド」である。物価が上がれば、年金額も増やさねばならない。より厳密に言えば「マクロ経済スライド」と言い、物価上昇率からスライド調整率（〇・九％）を引いた率だけ、年金額を上げねばならない。しかし、この制度は物価がほとんど上昇しない時代に作られたもので、二桁のインフレ率などという事態を想定したものではなかった。物価が一％上がっても、年金額が増えるのは〇・一％ですむ。だから、こうすれば年金制度は持続できる。このような発想で作られた制度であった。二桁のインフレなどまったくの想定外で、年金制度の方からこの問題を解決するとなれば、「物価スライド」を外すしかない。つまり、物価は二桁上がるが、年金はそんなには上げないという制度にするしかない。しかし、そんなことをすれば、中高年齢層の猛反発を招き、政権が倒れるのは必至だ。そこで政府は、年金制度に抜本的にメスを入れることは避け、年金は従来の制度に則り、二桁上昇で支給することとした。ではその財源はどうするのか。国債発行の増額しかない。しかし、二〇一六年のバーゼル銀行委員会の決定によって、銀行が保有する国債はリスク資産と見なされるようになり、民間銀行は財務省の言いなりに国債を買ってはくれなくなっていた。万事休す。政府はここに至ってついに、国債を日銀が直接引き受ける——その禁じ手に手を染めるしかなくなってしまったのである。

＊　＊　＊

政府日銀は、いまだに金融の異次元緩和をやめない。やめられないのであるが、その状態は「異次元」、言葉を換えれば「異常」なのである。法政大学経済学部教授の小黒一正氏は、今の異次元（＝異常な）金融緩和、マネタリーベースの状況からすれば、物価は七倍に跳ね上がってもおかしくないと論じている。また野口氏も「財政赤字がある程度以上の規模になった場合、インフレ以外の形で解決できたことはない」と明言している。私もかつて著書の中で、「歴史上、ハイパーインフレは何度も何度も起きてきた。なぜか？　それがもっとも安易な財政難の解決法だからである」と述べ、その実例をいくつも挙げて解説を加えた。巨額の政府債務の解決法としてもっとも考えられるのはインフレ、それも制御不能なハイパーインフレだ。

確かにそれで政府債務問題は解決される。しかし、すべてが解決されるわけではない。解決されない問題もある。その代表が〝年金〟なのだ。

野口氏は近著『２０４０年問題』（野口悠紀雄著　ダイヤモンド社刊）の中で、詳細に厚生年金財政のシミュレーション計算を行なっている。年金財政に影響をおよぼす要因はいろいろあるが、とりあえず「消費者物価上昇率」に着目してシミュレーションした結果が一八一ページの表だ。どういう物価上昇率でシミュレーションしてみても、厚生年金財政は二〇三〇年代には破綻するのであるが、注目すべきはインフレ率が高い方が破綻が早まるということだ。

実質賃金上昇率が〇％だとすると、インフレ率がマイナス一％なら破綻は二〇三八年度だが、インフレ率がプラス二％だと二〇三一年度に早まる。実質賃金上昇率がプラス〇・五％の場合は、インフレ率がマイナス一％なら破綻は二〇三九年度だが、インフレ率がプラス二％だと二〇三四年度にやはり早まる（ちなみに実質賃金上昇率が高いと、保険料収入が増加するため、年金財政破綻は遅くなる）。なぜ、インフレ率が高まると年金財政破綻は早まるのか？ 簡単である。物価上昇が保険料収入を増やす効果より、給付額を増やす効果の方が大きいからだ（その理由は、前述したように年金は物価スライドするからである）。

このシミュレーションにおけるインフレ率は、マイナス一％からプラス二％までと、現在の日本経済における「常識」ラインを設定している。しかし今行なわれている金融緩和政策、しかもやめられなくなっている金融政策は、「常識」の世界ではないのだ。「異次元」＝「異常」なのだ。一たびインフレに火が

消費者物価上昇率が厚生年金財政破綻年度に与える影響

（表中の数字は破綻年度）

消費者物価上昇率	実質賃金上昇率	
	0.5%	0%
−1	2039年	2038年
−0.5	2037年	2036年
0	2037年	2036年
0.5	2036年	2034年
1	2035年	2031年
1.5	2034年	2031年
2	2034年	2031年

※利回り0.5%、実質賃金上昇率0.5%、マクロ経済スライド（年率）0%の場合と、
利回り0.5%、実質賃金上昇率0%、マクロ経済スライド（年率）0%の場合。

野口悠紀雄著『2040年問題』（ダイヤモンド社）の資料を基に作成

つけば、一気に二桁にというのも十分あり得ることなのだ。野口氏がシミュレーションで明らかにしたように、インフレによって年金財政の命は縮まる。それが二桁のインフレなどということであれば、いつまで年金がもつか、そんなことはまったく予想もつかない。あっという間に破綻に至ることもあり得るのだ。

では、年金財政を解決する決定打はないのか。実は、ある。その恐るべき解決法を、再びマクドナルド店内の〝誠〟に話を戻して、公的年金破綻の話の締めとしたい。

＊　＊　＊

誠がぼんやりしていると、店内のディスプレイに臨時ニュースが入ってきた。アナウンサーがかなり緊張した声で、厳しい表情で、そのニュースを伝え始めた。

「政府与党は、IMFやOECDの勧告を受け入れて、公的年金の支給開始年齢を七五歳に引き上げる方針を固めました。これは既裁定年金、既裁定年金というのはすでに受けられている年金のことですが、それに対しても適用されます。繰り返します……」。

＊　＊　＊

野口氏のシミュレーションによれば、既裁定年金も含めて支給開始年齢を七五歳に引き上げれば二〇一四年の段階で年金支給総額は五一・七％削減でき、二〇二〇年でも四八・〇％削減できるという。だから、野口氏は言う。「このように、仮に既裁定年金も含めて支給開始年齢を七五歳に引き上げることができれば、支給総額はほぼ半分になるので、日本の年金財政の問題はほぼ解決できると考えて良い」。今までもらっていた年金がいきなりもらえなくなる。来月からもらえると思っていた年金がいきなり一〇年後からの支給になる。年金財政を解決するには、もうこういう超荒療治しか選択肢はなくなっているのである。この臨時ニュースは、決して絵空事ではない。

日本経済全体が濁流に呑み込まれた常総市のようになる

本書第二章では、「消費者物価指数二九・七％」とか「為替が三〇〇円の大台を突破」などと書いた。また本章の中でも、前著からの引用として「二桁のインフレ率」さらにそれに起因する「物価スライド」公的年金の破綻を描いてきた。私としては、その裏付けとなる説明も加えてきたつもりだが、それでもまだ実感が湧かない読者のために、非常にシンプルにわかりやすい数字を上げておこう。それは、アベノミクス以降、日銀が供給するマネーの量がどれくらい増えているかの数字だ。

日銀が供給するマネーの量を「マネタリーベース」と言う。二〇一三年四月四日に異次元の量的金融緩和が発表された当時、日銀の黒田総裁は「二〇一五年三月末までに、マネタリーベースを二倍まで増やす」と言っていた。異次元緩和前の二〇一三年三月のマネタリーベースは一三四兆円。本書執筆時点での最新数字である二〇一五年九月現在では三三二兆円。マネタリーベースは当初「ここまで増やせば経済効果が出るだろう」と思われていた二倍を大幅に超えて、わずか二年半で二・五倍近くにまで増え、いまだとどまるところを知らない。そしてその効果が実体経済にはおよばず、為替や株価（あるいは不動産）といった投機マネーにばかりおよんでいることはすでに述べた通りだ。目に見える効果が出てこない以上、異次元緩和はやめられない。どこまで行くのか——三倍か、五倍か、一〇倍か——先は読めない。

日銀がマネーの供給量を二・五倍にしたにもかかわらず、「異次元緩和」前と比べて物価の方はほとんど上がっていない。為替が円安に振れた分、輸入に関わるものが値上がりした程度である。では、中央銀行がそんなにマネーを供給して、それがもっとストレートに物価に現れることはないのだろうか？　もちろん、ある。いつかは必ず、そしてそれはダムの決壊、堤防の決壊のような形で起こる。大雨が降った。通常の二倍も、三倍も、五倍も、一〇倍も。それでもダムや堤防が決壊しないうちは、大雨の被害は極めて限界的だ。しかし、一たび決壊したらどうなるか。

二〇一五年九月一〇日、鬼怒川の堤防決壊により大災害に見舞われた茨城県常総市。あの大災害を思い起こして欲しい。今の世の中は相当なコトが起きても対応できるように、科学・研究の粋が尽くされて構造物やシステムができている。しかしそれでも、それを超える事態は発生する。そうなった時には、あのような大変な惨事が引き起こされるのだ。今、日銀は集中豪雨の如くマネーを溢れさせている。いつかは必ずそのマネーが、現状の経済システムという堤防を超えて、溢れ出る。その時には日本経済全体が濁流に呑み込まれた常総市となるのだ。

一ドル＝二〇〇円台や三〇〇円台というのは、今の一二〇円からすれば二倍から三倍の水準であり、ちょっと想像しにくいかもしれないが、これは決してあり得ないことではない。と言うよりも、四〇代以下の世代の読者には「そうだったの？」という方もいるだろうが、年配の方にとっては「一ドル＝三六〇円」など当たり前。戦後の高度成長期、一九七一年までは三六〇円だったのだから。変動相場制に移った後半、一九八五年のプラザ合意によって、言わば米国が力づくで円高に持っていくまでは、一ドルはほぼ二〇〇円台であった。まして、今の異常な金融政策下で、今後もとまることのない日銀によるマネー豪雨。いつかは堤防を決壊させ、日本はとんでもないインフレに見舞われるだろう。

為替も物価も三倍になる。公的年金はいきなり支給されなくなる。生活保護を受けることもままならない……。私たちはそういう経済的災害に備えなくてはならない。万一、そういう恐るべき事態が起こらなければそれでよい。しかし、天災による様々な事態を想定して備えること――まず地域の災害マップなどを見て自分の周りで起こり得る災害を確認することから始まり、水の備蓄や非常食、救急用品の用意、すぐ手に取れるところに懐中電灯を置いておくことなど――が必要なのと同様に、日本経済がここまで「異常」な状況に立ち至っている以上、経済的災害への備えも決して怠ってはならないのだ。

そして、そのための手段の一つとしてかねてから私が推奨しているのが、海外の活用、外貨建て投資、とりわけ海外ファンドへの投資だ。

「絶対リターン」を追求するヘッジファンドを活用せよ

「ファンド」とは直訳すれば「基金」という言葉になるが、実際には「投資信託」と考えておけばよい。日本にも多くの投資信託があり、たとえば日本経済新聞にはほぼまるまる二面を使う「オープン基準価格」という欄がある。これが日本の証券会社などで売られている投資信託の日々の基準価格（＝値段）だ。

新聞見開き二面分全部を実に細かい字で投資信託の略称と基準価格が埋め尽くしている。星の数ほどと言っては少し言い過ぎだが、ものすごい数がある。

しかし実は、これらあまたある投資信託のほとんどは〝市場平均には勝てない〟。

その意味をもう少しわかりやすく説明しよう。たとえば優れた日本株式に分散投資する「日本優良株分散投資信託」（愛称：にっこり）などというのがあるとすれば、その投資信託は日経平均株価にはほぼ勝てない。日経平均の成績を下回り、これに投資していた人が「にっこり」できない可能性が極めて高いのだ。

なぜか。理由は簡単だ。こういう投資信託を「アクティブ運用」というが、アクティブ運用、つまり積極的な運用を行なうには、分析やら何やらいろいろと手間がかかる、すなわちコストがかかる。そのコスト負担の結果、市場平均に勝てなくなるのである。私が投資をお薦めする海外ファンドは、こういうものではない。「絶対リターン」を狙うヘッジファンドがほとんどだ。

「絶対リターン」というと「絶対儲かるのか？」とカン違いする人もいるであろうが、そんなうまい話はない。たとえ「年五％」であろうとも、「絶対儲かりますよ」という話があったら、詐欺話だと疑ってかかるのが賢明である。「絶対リターン」というのはそういうことではなく、わかりやすく言えば、株が上がろうが下がろうが関係なく儲けることができる、収益を上げることができる、それを狙っているファンドということだ。さきほど仮の例として挙げた「日本優良株分散投資信託」もそうだが、多くの投資信託は株が上がればその投資信託の基準価格も上がり、下がれば同じように下がる。そうではなくて、いろいろな経済環境に対応してむしろそれを収益源にして儲けていく、そういう投資信託をヘッジファンドという。具体的にいくつか見ていこう。

ファンドの運用戦略例①――グローバル・マクロ

ヘッジファンドの運用戦略は実に様々であるが、大きな分類の中で一見派手で目立つのが「グローバル・マクロ」戦略だ。これは、グローバルに世界のあらゆる市場を収益源としてとらえる戦略である。この運用戦略の運用者＝ファンド・マネージャーでもっとも名高いのは、一九九二年の英ポンド売りで名を馳せたジョージ・ソロスであろう。ソロスは当時のイギリスの経済力に比して通貨ポンドが政府により無理に高い水準に固定されていると考え、巨額のポンド売りを仕掛けた。これによりポンドは大きく下落し、イギリス政府・財務省はポンドの下落に対し買い向かったが資金が尽き、ついに固定相場制廃止・E

ＲＭ（欧州為替相場メカニズム）脱退に追い込まれた。この時、ソロス率いるヘッジファンドは一〇億―二〇億ドル（現在の為替レートを元にすると、一二〇〇億円―二四〇〇億円）もの利益を上げたと言われている。

これはあくまで一例であるが、「グローバル・マクロ」戦略というのは、この例に挙げた通貨の他、株式・債券・原油や金などの商品などまで、世界のありとあらゆるものを収益の対象としてとらえ、「絶対リターン」を狙う。

一般投資家でも投資可能な「グローバル・マクロ」戦略ファンドの一例を上げよう。略称「ＮＰ」ファンド（法律上、正式名は書籍では書けないので、以下も含めて略称である）。このファンドは典型的な「グローバル・マクロ」戦略のファンドであるが、特徴的なのは一〇〇％コンピュータによる「システム運用」ではないというところだ。もちろんコンピュータは最大限活用するが、近年はどの運用会社もそれは同じだ。したがって、それだけだとすぐに競合するライバルたちに解析されて通用しなくなってしまう。そこで「ＮＰ」では、特に半年以上の長期取引においてはファンドマネージャーの裁量も加えて、同業他社に対して優位性を獲得しようとしているのである。「NP」ファンドは二〇一一年三月の運用開始から二〇一五年九月までで、米ドル建てで年率二〇%を超えるリターンを比較的安定的に上げている。このファンドの目標の年率リターンは一五%程度なので、仮に一五%で計算してみると、投資資金は五年で二倍、一〇年だと四・〇五倍にもなるのだ。

ファンドの運用戦略例②——相対価値戦略

ただし、基本的にリターンが大きい運用はリスクも大きい。わかりやすく言えば、大きな勝負に出ているからこそ、リターンも大きくなるが、その代わり損が出る時も大きくなりがちだ。そこで、ヘッジファンドの中でもより安定的なリターンを得るような性格の運用手法もある。一例が「相対価値戦略」だ。さきほどは「絶対リターン」と言い、今度は「相対価値」と言うと混乱するかもしれないが、相対価値に着目することで市場の上げ下げにかかわらず絶対リターンを追求することができるのである。

説明すればするほど頭が痛くなる読者もいらっしゃるかもしれないので、ここでは簡単な説明にとどめる。「相関性」がある二つの市場、たとえば「ニューヨークダウ平均株価」と「日経平均株価」。この二つは同じように動く傾向がある。ダウが上げると翌日の日経も上げる。ダウが下げると翌日の日経も下げる。ただ、ダウが大きく下げたのに日経の方が予想外に少ししか下げなかったというようなこともある。そういう時、大きく下げたダウを買い、少ししか下げなかった日経を売る。なぜかと言うと、比較相対的に見てダウが割安で、日経が割高だと考えられるからだ。そして、その割高・割安が解消されたと見られる時に、反対売買をして収益を確定させる。

わかりやすい数字で説明しておこう。ダウも日経も一万九〇〇〇円（本来ダウはもちろん「ドル」だが、説明をわかりやすくするため便宜上「円」とする）からスタートとしよう。ダウが一万八〇〇〇円に下げ、日経は一万八三〇〇円までしか下げなかった。ここで、下げ過ぎて割安になったダウを買い、割高な日経を売る（いきなり「売る」というのが理解できない読者もいるかもしれないが、ヘッジファンドはそういうやり方もできるとだけ認識しておいてもらいたい）。次に両方とも一万九三〇〇円まで上昇して同じ価格に戻した。一緒になったことで割安・割高は解消されたから、ダウを売って日経を買って取引を終える。そうすると、一九五ページの図のようにダウの取引では一三〇〇円の儲けだが、日経の取引では一〇〇〇円の損を出す。両方合わせて差し引き三〇〇円の儲けとなる。ここで、ダウ一万八〇〇〇円、日経一万八三〇〇円に下がった段階で、両方とも買っていたらどうなるかを見てみよう。ダウの取引での儲けは当然同じ一三〇〇円であるが、日経の取引の方は違ってくる。一〇〇〇円の損失ではなくて一〇〇〇円の儲けである。両方合わせると、二三〇〇円の儲け。ダウ・日経とも買っていた方が、ずっと儲かる。

こうして見てくると、相対価値戦略はあまり儲からないように見える。そうなのである。この例が端的に示しているように、上昇相場では買いばかりの方が当然大きく儲けることができる。しかし、市場が下落してしまったらどうな

相対的価値戦略

ダウ	
18000円	買い
19300円	売り
1300円	儲け

日経	
18300円	売り
19300円	買い
1000円	損失

両方で300円儲け

■■■もし両方買っていたら■■■

ダウ	
18000円	買い
19300円	売り
1300円	儲け

日経	
18300円	買い
19300円	売り
1000円	儲け

両方で2300円儲け

るか。実際、この原稿を書いている二〇一五年一〇月十四日現在では、ダウ平均は一万七〇〇〇ドル強、日経平均も一万七〇〇〇円台である。もし両方買っていたら、両方とも損をして大損ということになっている。この相対価値戦略という戦略は、相対的に割安なものを買い、割高なものを売る。だから、上昇相場でも下落相場でも、大きくはないが収益を上げることができる。そういう運用戦略なのである。

この戦略のファンドで一般投資家でも投資可能なものとしては、たとえば「KA」ファンドというのがある。これは、二〇一一年九月のスタートから直近二〇一五年九月までで、米ドル建てで年率一一％強のリターンを上げている。先にご説明したグローバル・マクロ戦略ファンドよりはリターンはだいぶ見劣りするが、安定感はずっと高くなる。ただ、今後は少し利回りの低下が考えられるため、かなり低く見積もって年率リターン六％で計算してみると一〇年間で、投資資金は一・七九倍になる。

ファンドの運用戦略例③――マイクロ・ファイナンス投資

次にご紹介する運用戦略は、ヘッジファンドではない。金融の原点である融資により儲けるファンドだ。そもそも金融というのは、融資で儲けるものだ。企業にお金を貸し付けて金利を取る。企業の方は融資を受けられることで事業を始めることができ、さらに拡大することができる。企業も伸び、金融業も儲かる。いわゆる「ウィン・ウィン」の関係である。

日本など先進国における今日の金融業の現状はどうかと言えば、金融は整備され尽くしている。整備され過ぎて、普通に本業の貸し出しをやっているだけでは儲からないから、本業を逸脱するくらいである（それがリーマン・ショックを招いたと言える）。私たちがお金を借りようと思えば、公的なものから一般の銀行、サラ金まで実に様々な形がそろっている。そして、借り手のリスクに応じて金利もきちんと決まっている。ここで「きちんと」と書いたが、多くの読者の想像以上に、金利というのはきちんとしている。言葉を変えて言えば「合理的」なものだ。だから企業にしろ個人にしろ、借り手の金銭面での信用力が低ければ、そのリスク相応分金利は高くなる。低い金利で借りられることはない。日本のような先進国では、金利は極めて合理的なのだ。

しかし、金融が未整備な国、たとえばアフリカや南アジアなどでは話が変わってくる。経済はどんどん伸びているから資金需要はある。しかし、まともな金融機関がない。そこに日本にはない金融が活躍する余地が出てくるのだ。

読者の多くは「マイクロ・ファイナンス」という言葉を聞いたことがあるだろう。主に貧困者向けの「小口（マイクロ）金融（ファイナンス）」を意味し、二〇〇六年にノーベル平和賞を受賞したムハマド・ユヌス氏が創設したバングラディシュのグラミン銀行が有名だ。このグラミン銀行、実は日本人の感覚からすると〝高利貸し〟なのである。貸付金利は二〇％近いのだから。しかし、経済が発展途上で、まともな銀行がまだ存在しない国々では、こういう金融機関が必要なのである。こういうマイクロ・ファイナンス会社に投資するファンドというのも海外にはある。マイクロ・ファイナンスが融資をするにもタネ銭が要る。そのタネ銭を提供するファンドだ。

一例を挙げよう。主にアフリカで公務員などを対象に貸し付けをし、回収は公務員などは給与から天引きで行なっているというマイクロ・ファイナンス会社に投資するファンドがある。略称「AT」。給与天引きという資金回収のやり方を取っていることもあり、回収率は高く九〇％を超えている。ファンドとしての成績も極めて安定しており、二〇〇九年八月から二〇一五年九月までで、米ドル建て年率リターンは七・八％である。先の二つのヘッジファンドと比べれば、リターンは見劣りするが、安定感ははるかに高い。仮に年率七％で一〇年間運用すると投資資金は約二倍（一・九七倍）になる計算だ。

二倍の円安になれば、米ドル建て投資はそれだけで二倍になる

ここまで三つの運用戦略を見てきた。私は危惧される（と言うか、ほぼ確実

な）日本の財政破綻への備えとして、こういう海外のファンドを活用されることを強くお薦めする。皆様にお薦めするだけでなく、私自身や私が経営する会社でも実際投資を行なっている。

ここまでの説明の中で、仮に今までの数字をベースに計算すると一〇年後には四・〇五倍やら何倍になると述べてきた。しかし、それは米ドルをベースにした時の話である。一ドルが一二〇円から二四〇円に二倍の円安になれば、米ドルの価値は二倍になる。すると、米ドル建てでの四・〇五倍は円換算すると四・〇五×二で八・一〇倍にもなる。同じく米ドル建てでの一・七九倍は円換算で一・七九×二で三・五八倍。米ドル建て一・九七倍なら一・九七×二で三・九四倍だ。

もし、今九〇〇〇万円をお持ちの方が、お持ちの円を米ドルに替えてこのような運用を行なえたとしたら、一〇年後どうなるか。三つの戦略ファンドにそれぞれ三〇〇〇万円投資したとすると、グローバル・マクロ戦略の「ＮＰ」ファンドは円換算八・一〇倍で二四三〇万円。相対価値戦略の「ＫＡ」ファンドは円

海外ファンド投資10年後のシミュレーション

	運用戦略	年率リターン	10年後、1ドル＝120円のままだとすると	10年後、1ドル＝240円になっていたとすると
900万円（1ドル＝120円で計算して7万5000米ドル）	グローバル・マクロ NP 300万円（2万5000米ドル）	15％	4.05倍 1215万円（10万1250米ドル）	8.10倍 2430万円（10万1250米ドル）
	相対価値戦略 KA 300万円（2万5000米ドル）	6％	1.79倍 537万円（4万4750米ドル）	3.58倍 1074万円（4万4750米ドル）
	マイクロ・ファイナンス投資 AT 300万円（2万5000米ドル）	7％	1.97倍 591万円（4万9250米ドル）	3.94倍 1182万円（4万9250米ドル）
合計			2343万円（19万5250米ドル）	4686万円（19万5250米ドル）

※上記表は各ファンドの報告書および異次元緩和の影響による円安を元にしたシミュレーションであり、将来のリターンを保証するものではありません。

換算三・五八倍で一〇七四万円。マイクロ・ファイナンス投資の「ＡＴ」ファンドは円換算三・九四倍で一一八二万円。三つ合わせて四六八六万円にもなる計算だ。

もちろん、これは今までの数字を元にしたシミュレーションであり、一般的にどんなに優れたリターンを残した運用戦略でも、時間の経過と共にリターンは下がることが多い。だから、〝獲らぬタヌキ〟は慎んでいただきたい。しかし一方で、元手の投資資金九〇〇万円が一〇年後には五倍超の四六八六万円になるというこの計算は、運用シミュレーションの面でも為替予測の面でも、決して根拠がないものではない。だから一つの選択肢としてこういった海外ファンドを活用していただくことは、将来の経済災害に対する備えの一策として大いに検討していただく価値があると思う。二〇二五年のある日、いきなり年金が消滅する……そういう事態も決して絵空事でなくなってきている今の日本なのだから。

なお、今まで述べてきたもの以外にもヘッジファンドを中心とした海外ファンドはたくさんある。と言うより、この世界、最先端のコンピュータの世界だから日進月歩、次々と新しい運用手法、新しいファンドが登場し、古くなり運用手法が劣化したものは淘汰されていく。そういう世界なのだ。だから、海外ファンドを活用するためには、絶対に専門のアドバイザーが付いていることが望ましい。その意味で、手前味噌ながらお薦めするのは、私が主宰する投資助言クラブである。

この本を発刊している出版社である株式会社第二海援隊の一〇〇％子会社に、会員制で投資助言を行なう日本インベストメント・リサーチという会社がある。元々、第二海援隊は出版社として様々な経済情報を提供してきたのだが、読者の皆様からの「そういう危機の時代に生き残っていくには、資産を守るにはどうしたらよいのか。具体的にアドバイスが欲しい」といったお声を受けて、投資助言を行なう会社を別に設立したのだ。

設立したのは一九九九年であるから、今からすればもう〝前世紀〟のことになる。以来、多くの会員様のご支持を受け続け、今も数千人の会員数を有する、わが国でも屈指の会員制投資助言クラブである（なお、投資助言業を行なうためには金融商品取引法に基づいて金融庁（管轄財務局）に登録しなければならず、日本インベストメント・リサーチはもちろん登録しているのみならず、当局による二度にわたる定期検査でも大きな問題点はまったく指摘されなかった。会員の皆様への的確な情報提供・投資助言と共に、法令順守の面でも当局のお墨付きが得られているものと自負している）。

　日本インベストメント・リサーチでは、運用資産規模や希望運用スタイルによって、三つの会員制クラブを設けてある。詳しくは「巻末のお知らせ」をお読みいただきたい。

浅井隆からの重要なお知らせ
――国家破産を生き残るための具体的ノウハウ

国家破産について基礎から学べる「国家破産の全てを知るクラブ」

いよいよ国が破産する日が迫ってきています。私たちが今まで通りの生活を送ることができる時間は、あと三、四年ほどと私は予測しています。そのため、今ここでもう一度、国家破産は私たちの生活にどのような劇的な変化をもたらし、そして激動の時代の中で生き残るためにはどのように備えればよいのかを学び、その対策を練るためのクラブを発足いたしました。国家破産について一から学ぶことができるクラブです。

『国家破産の全てを知るクラブ』では会員限定の「国家破産講座」（年六回、受講料実費）を予定しており、二〇一六年は第四回・一月二六日（火）、第五回・四月五日（火）、第六回・八月二日（火）を予定しています。このレクチャーでは今までの発刊書籍や「浅井隆講演会」の国家破産情報を集約し、さらに細分化した詳細情報（例：敗戦直後の国家破産の実態、ギリシャの国家破産の実態など）をわかりやすくご提供いたします。ぜひ、この「国家破産の全てを知るクラブ」にご入会の上、会員限定のレクチャーにご参加ください。本書に挟みこんであるはがきでお申し込みになると便利です。

詳しいお問い合わせ先は、㈱第二海援隊

TEL：〇三（三二九一）六一〇六

FAX：〇三（三二九一）六九〇〇

厳しい時代を賢く生き残るために必要な二つの情報収集

国家破産へのタイムリミットが刻一刻と迫りつつある中、生き残りのためには二つの情報収集が欠かせません。一つは「国内外の経済情勢」に関する情報収集、もう一つは「海外ファンド」に関する情報収集です。これについては新聞やテレビなどのメディアやインターネットでの情報収集だけでは絶対に不十分です。私はかつて新聞社に勤務し、以前はテレビに出演をしたこともありますが、その経験から言えることは「新聞は参考情報。テレビはあくまでショー（エンターテインメント）」だということです。インターネットも含め誰もが簡単に入手できる情報で、これからの激動の時代を生き残っていくことはできません。

皆様にとってもっとも大切なこの二つの情報収集には、第二海援隊グループ（代表　浅井隆）で提供する「会員制の特殊な情報と具体的なノウハウ」をぜひご活用ください。

“国家破産対策”の入口「経済トレンドレポート」

まず最初にお勧めしたいのが、浅井隆が取材した特殊な情報をいち早くお届ける「経済トレンドレポート」です。浅井および浅井の人脈による特別経済レポートを年三三回（一〇日に一回）格安料金でお届けします。経済に関する情報提供を目的とした読みやすいレポートです。新聞やインターネットではなかなか入手できない経済のトレンドに関する様々な情報をあなたのお手元へ。

さらに国家破産に関する『特別緊急情報』も流しております。「国家破産対策をしなければならないことは理解したが、何から手を付ければよいかわからない」という方は、まずこのレポートをご購読下さい。本書に挟み込んであるはがきでお申し込みになると便利です。

具体的に〝国家破産対策〟をお考えの方に

そして何よりもここでお勧めしたいのが、第二海援隊グループ傘下で独立系の投資助言・代理業を行なっている「株式会社日本インベストメント・リサーチ」（関東財務局長（金商）第九二六号）です。この会社で二つの魅力的な会員制クラブを運営しております。私どもは、かねてから日本の国家破産対策のもっとも有効な対策として海外のヘッジファンドに目を向けてきました。そして、この二〇年にわたり世界中を飛び回りすでにファンドなどの調査に莫大なコストをかけて、しっかり精査を重ね魅力的な投資・運用情報だけを会員の皆様限定でお伝えしています。これは、一個人が同じことをしようと思っても無理な話です。また、そこまで行なっている投資助言会社も他にはないでしょう。

投資助言会社も、当然玉石混淆であり、特に近年は少なからぬ悪質な会社に対して、当局の検査の結果、業務停止などの厳しい処分が下されています。しかし「日本インベストメント・リサーチ」は、すでに二度当局による定期検査を受けていますが、行政処分どころか大きな問題点はまったく指摘されませんでした。これも誠実な努力に加え、厳しい法令順守姿勢を貫いていることの結果であると自負しております。

私どもがそこまで行なうのには理由があります。私は日本の「国家破産」を憂い、会員の皆様にその生き残り策を伝授したいと願っているからです。その生き残り策がきちんとしたものでなければ、会員様が路頭に迷うことになります。ですから、投資案件などを調査する時に一切妥協はしません。その結果、私どもの「ロイヤル資産クラブ」には多数の会員様が入会して下さり、「自分年金クラブ」と合わせると二〇〇〇名ほどの顧客数を誇り、今では会員数がアジア最大と言われています。

このような会員制組織ですから、それなりに対価をいただきます。ただそれで、私どもが十数年間、莫大なコストと時間をかけて培ってきたノウハウを得られるのですから、その費用は決して高くないという自負を持っております。まだクラブにご入会いただいていない皆様には、ぜひご入会いただき、本当に価値のある情報を入手して国家破産時代を生き残っていただきたいと思います。そして、この不透明な現在の市場環境の中でも皆様の資産をきちんと殖やしていただきたいと考えております。

一〇〇〇万円以上を海外投資へ振り向ける資産家の方向け「ロイヤル資産クラブ」

「ロイヤル資産クラブ」のメインのサービスは、数々の世界トップレベルのファンドの情報提供です。特に海外では、日本の常識では考えられないほど魅力的な投資案件があります。

ジョージ・ソロスやカイル・バスといった著名な投資家が行なう運用戦略としておなじみの「グローバル・マクロ」戦略のファンドも情報提供しています。この戦略のファンドの中には、株式よりも安定した動きをしながら、目標年率リターンが一〇―一五%、目標通りスタート時から直近（二〇一四年一一月―二〇一五年一〇月中旬）までの実績で＋一〇・四%になっているものもあります。また、二〇〇九年八月―二〇一五年九月の六年一ヵ月の間で一度もマイナスになったことがなく、ほぼ一直線で年率リターン七・八%（米ドル建て）と安定的に推移している特殊なファンドや目標年率リターン二五%というハイリターン狙いのファンドもあります。もちろん他にもファンドの情報提供を行なっておりますが、情報提供を行なうファンドはすべて現地に調査チームを送って徹底的に調査を行なっております。

また、ファンドの情報提供以外のサービスとしては、現在保有中の投資信託の評価と分析や銀行や金融機関とのお付き合いの仕方のアドバイス、為替手数料やサービスが充実している金融機関についてのご相談、生命保険の見直し・分析、不動産のご相談など、多岐にわたっております。金融についてありとあらゆる相談が「ロイヤル資産クラブ」ですべて受けられる体制になっています。

詳しいお問い合わせ先は「ロイヤル資産クラブ」

TEL：〇三（三二二九一）七二九一

FAX：〇三（三二二九一）七二九二

一般の方向け「自分年金クラブ」

一方で、「自分年金クラブ」では「一〇〇〇万円といったまとまった資金はないけど、将来に備えてしっかり国家破産対策をしたい」という方向けに、比較的「海外ファンド」の中では小口（最低投資金額が約三〇〇万円程度）で、かつ安定感があるものに限って情報提供しています。

「レラティブバリュー・コリレーション」という金融の最先端の運用戦略を使ったファンドも情報提供中です。この戦略のファンドの中に、年率リターン一一・四%（二〇一一年九月―二〇一五年九月）とかなりの収益を上げている一方で、一般的な債券投資と同じぐらいの安定感を示しているものもあります。債券投資並みの安定感で、年率リターンが二桁であることには驚きます。また国家破産時代の資産防衛に関する基本的なご質問にもお答えしておりますので、初心者向きです。

詳しいお問い合わせ先は「自分年金クラブ」

TEL：〇三（三二九一）六九一六

FAX：〇三（三二九一）六九九一

※「自分年金クラブ」で情報提供を行なっているすべてのファンドは、「ロイヤル資産クラブ」でも情報提供を行なっております。

投資助言を行なうクラブの最高峰「プラチナクラブ」

会員制組織のご紹介の最後に「プラチナクラブ」についても触れておきます。メインのサービスは、「ロイヤル資産クラブ」と同じで、数々の世界トップレベルのファンドの情報提供です。ただ、このクラブは第二海援隊グループが行なう投資・助言業の中で最高峰の組織で、五〇〇〇万円以上での投資をお考えの方向けのクラブです（五〇〇〇万円以上は目安で、なるべくでしたら一億円以上が望ましいです。なお、金融資産の額をヒヤリングし、投資できる金額が二〇—三〇万米ドル（二四〇〇—三六〇〇万円）までの方は、原則プラチナクラブへの入会はお断りいたします）。

ここでは、ロイヤル資産クラブでも情報提供しない特別で希少な世界トップレベルのヘッジファンドを情報提供いたします。皆様と一緒に「大資産家」への道を追求するクラブで、具体的な目標としまして、「一〇年で資金を四—六倍（米ドル建て）」「二倍円安になれば八—一二倍」を掲げています。当初八〇名限定でスタートし、お申し込みが殺到したことでいったん枠がいっぱいになっていましたが、近々二〇名の追加募集をいたします。ご検討の方はお早目のお問い合わせをお願いいたします。
詳しいお問い合わせ先は「㈱日本インベストメント・リサーチ」
TEL：〇三（三二九一）七二九一
FAX：〇三（三二九一）七二九二

海外移住をご検討の方に

さらに、財産の保全先、移住先またはロングステイの滞在先として浅井隆がもっとも注目する国——ニュージーランド。そのニュージーランドを浅井隆と共に訪問する、「浅井隆と行くニュージーランド視察ツアー」を二〇一六年二月に開催いたします（その後も毎年一、二回の開催を予定しております）。ツアーでは、浅井隆の経済最新情報レクチャーがございます。

また、資産運用を行なう上でぜひお勧めしたいのが金融立国シンガポール。このシンガポールを視察する「シンガポール金融視察ツアー」も二〇一六年四月に第二海援隊グループの投資助言会社「日本インベストメント・リサーチ」

の企画で開催いたします（毎年二回開催予定。通常は四月と一〇月）。海外の金融事情やファンドについてたっぷりレクチャーが聞けるのがこのツアーの最大のメリットです。

国家破産の本当の姿を知ることができる特別なツアー

国家破産によって何が起き、庶民の生活がどうなるのかを知ることは、国家破産対策を行なっていくうえで極めて重要です。浅井隆は、二〇年以上にもわたって国家破産の庶民レベルの実情を研究し、実際にロシア、トルコ、ジンバブエ、ギリシャなど国家破産や経済危機に見舞われた国々で苦境にあえぐ人々を直接取材し、貴重な情報を収集してまいりました。

近年、経済大国の不安定な経済動向を受けて、新興国経済が深刻な状況になりつつあります。特に南米アルゼンチンは二〇〇一年の国債デフォルト以降、再び深刻な財政危機に陥りつつあり、庶民生活にも悪い影響が出始めています。そこで、二〇一六年には浅井隆自らがアルゼンチンの生活実態を特別取材することに決定しました。また、これにあわせて、少人数限定で浅井隆の国家破産特別取材に同行するツアーを用意いたしました。このツアーは、国家破産の実情と本質を知るための「ホンモノの情報」を得られる極めて貴重な機会となるでしょう。国家破産に重大な関心を持つ方は、ぜひツアーにご参加いただき、人生観が変わるほどの経験をしていただきたいと思います。

また、アルゼンチン特別取材と合わせて、二〇一六年のオリンピック開催地であるブラジルも視察訪問いたします。五輪開催直前の様子と、ブラジルブラジル経済の温度を肌で体感できる、これまた絶好の機会です。さらにお楽しみとして、ブラジルとアルゼンチンの国境に位置し、世界三大瀑布の一つに数えられる「イグアスの滝」もたっぷり観光いたします（予定）。また、各滞在地では最高級ホテル、食事を手配いたします。あなたの一生の思い出になるツアーとなることでしょう。

各ツアーに関する詳しいお問い合わせ先は「㈱日本インベストメント・リサーチ」

TEL：〇三（三二九一）七二九一

FAX：〇三（三二九一）七二九二

国家破産特別講演会、浅井隆講演会、インターネット情報

★浅井隆のナマの声が聞ける講演会

著者・浅井隆の講演会を開催いたしますので、二〇一六年の予定を記載します。東京・一月一六日（土）、福岡・四月八日（金）、大阪・四月二八日（木）、名古屋・四月二九日（金）、広島・五月二〇日（金）を予定しております。国家破産の全貌をお伝えすると共に、生き残るための具体的な対策を詳しく、わかりやすく解説いたします。

いずれも、活字では伝わることのない肉声による貴重な情報にご期待下さい。「浅井隆特別講演会」については、本書に挟み込んであるはがきでお申込みいただけます。

★第二海援隊ホームページ

また、第二海援隊では様々な情報をインターネット上でも提供しております。詳しくは「第二海援隊ホームページ」をご覧下さい。私ども第二海援隊グループは、皆様の大切な財産を経済変動や国家破産から守り殖やすためのあらゆる情報提供とお手伝いを全力で行なっていきます。

改訂版!! 別冊秘伝 必読です

浅井隆が世界をまたにかけて収集した、世界トップレベルの運用ノウハウ（特に「海外ファンド」に関する情報満載）を凝縮した小冊子を作りました。実務レベルで基礎の基礎から解説しておりますので、本気で国家破産から資産を守りたいとお考えの方は必読です。ご興味のある方は以下の二ついずれかの方法でお申し込み下さい。

①現金書留にて一〇〇〇円（送料税込）と、お名前・ご住所・電話番号および「別冊秘伝」希望と明記の上、弊社までお送り下さい。
②一〇〇〇円分の切手と、お名前・ご住所・電話番号および「別冊秘伝」希望と明記の上、弊社までお送り下さい。

郵送先　〒一〇一―〇〇六二　東京都千代田区神田駿河台二―五―一
住友不動産御茶ノ水ファーストビル八階
株式会社第二海援隊「別冊秘伝」係
TEL：〇三（三二九一）六一〇六
FAX：〇三（三二九一）六九〇〇

＊以上、すべてのお問い合わせ、お申し込み先・㈱第二海援隊

TEL：〇三（三二九一）六一〇六
FAX：〇三（三二九一）六九〇〇
Eメール　info@dainikaientai.co.jp
ホームページ　http://www.dainikaientai.co.jp

〈参考文献〉

【新聞・通信社】

『日本経済新聞』『産経新聞』『産経新聞』『読売新聞』
『朝日新聞』『毎日新聞』『日刊ゲンダイ』『日経ヴェリタス』
『フィナンシャル・タイムズ』『エコノミスト』『ロイター通信』
『ニューズウィーク』『ブルームバーグ』

【書籍】

『2040年問題』（野口悠紀雄・ダイヤモンド社）
『財政危機の深層』（小黒一正・ＮＨＫ出版新書）

【拙著】

『国家破産でおきる36の出来事』（第二海援隊）
『株と不動産はあと２年でやめなさい！』（第二海援隊）
『あと２年で国家破産、１ドル＝２５０円に‼』（第二海援隊）
『世界恐慌か国家破産か　パニック編』（第二海援隊）
『あと２年』（第二海援隊）
『2017年の衝撃　上』（第二海援隊）
『ギリシャの次は日本だ！』（第二海援隊）

【その他】

『週刊東洋経済』『週刊現代』『現代ビジネス』『週刊ポスト』

【ホームページ】

フリー百科事典『ウィキペディア』
『内閣府』『首相官邸』『財務省』『厚生労働省』『日本銀行』
『ＩＭＦ』『ＯＥＣＤ』『日本弁護士連合会』『自治体国際化協会』
『ダイヤモンド・オンライン』『日経ビジネスオンライン』
『ジャパン・ビジネスプレス』『フォーブス　電子版』
『ウォールストリート・ジャーナル電子版』『新華社通信』
『三菱UFJモルガン・スタンレー証券』『世界経済研究協会』
『人民日報（日本語電子版）』『サーチナニュース』『ZUU online』
『レコード・チャイナ』『JCASTニュース』『税理士ドットコム』
『稲葉剛公式サイト』『生活保護の条件の生活の知識』
『社会実情データ図録』『GOLD NEWS』『中央日報』

〈著者略歴〉

浅井　隆　（あさい　たかし）

経済ジャーナリスト。1954年東京都生まれ。学生時代から経済・社会問題に強い関心を持ち、早稲田大学政治経済学部在学中に環境問題研究会などを主宰。一方で学習塾の経営を手がけ学生ビジネスとして成功を収めるが、思うところあり、一転、海外放浪の旅に出る。帰国後、同校を中退し毎日新聞社に入社。写真記者として世界を股に掛ける過酷な勤務をこなす傍ら、経済の猛勉強に励みつつ独自の取材、執筆活動を展開する。現代日本の問題点、矛盾点に鋭いメスを入れる斬新な切り口は多数の月刊誌などで高い評価を受け、特に1990年東京株式市場暴落のナゾに迫る取材では一大センセーションを巻き起こす。
その後、バブル崩壊後の超円高や平成不況の長期化、金融機関の破綻など数々の経済予測を的中させてベストセラーを多発し、1994年に独立。1996年、従来にないまったく新しい形態の21世紀型情報商社「第二海援隊」を設立し、以後約20年、その経営に携わる一方、精力的に執筆・講演活動を続ける。2005年7月、日本を改革・再生するための日本初の会社である「再生日本21」を立ち上げた。主な著書：『大不況サバイバル読本』『日本発、世界大恐慌！』（徳間書店）『95年の衝撃』（総合法令出版）『勝ち組の経済学』（小学館文庫）『次にくる波』『2014年日本国破産〈警告編〉〈対策編①②③〉〈海外編〉〈衝撃編〉』『Human Destiny』（『9・11と金融危機はなぜ起きたか!?〈上〉〈下〉』英訳）『あと2年で国債暴落、1ドル＝250円に!!』『東京は世界1バブル化する！』『株は2万2000円まで上昇し、その後大暴落する!?』『円もドルも紙キレに！　その時ノルウェークローネで資産を守れ』『あと2年』『円崩壊』『驚くべきヘッジファンドの世界』『いよいよ政府があなたの財産を奪いにやってくる!?』『2017年の衝撃〈上〉〈下〉』『ギリシャの次は日本だ！』（第二海援隊）など多数。

すさまじい時代〈上〉

2015年12月1日　初刷発行

著　者　浅井　隆
発行者　浅井　隆
発行所　株式会社　第二海援隊
〒101-0062
東京都千代田区神田駿河台2-5-1　住友不動産御茶ノ水ファーストビル8F
電話番号　03-3291-1821　　FAX番号　03-3291-1820

印刷・製本／倉敷印刷株式会社

　ISBN978-4-86335-166-0

Printed in Japan

第二海援隊発足にあたって

日本は今、重大な転換期にさしかかっています。にもかかわらず、私たちはこの極東の島国の上で独りよがりのパラダイムにどっぷり浸かって、まだ太平の世を謳歌しています。

しかし、世界はもう動き始めています。その意味で、現在の日本はあまりにも「幕末」に似ているのです。ただ、今の日本人には幕末の日本人と比べて、決定的に欠けているものがあります。それこそ、志と理念です。現在の日本は世界一の債権大国（＝金持ち国家）に登り詰めはしましたが、人間の志と資質という点では、貧弱な国家になりはててしまいました。それこそが、最大の危機といえるかもしれません。

そこで私は「二十一世紀の海援隊」の必要性を是非提唱したいのです。今日本に必要なのは、技術でも資本でもありません。志をもって大変革を遂げることのできる人物と、それを支える情報です。まさに、情報こそ〝力〟なのです。そこで私は本物の情報を発信するための「総合情報商社」および「出版社」こそ、今の日本にもっとも必要と気付き、自らそれを興そうと決心したのです。

しかし、私一人の力では微力です。是非皆様の力をお貸しいただき、二十一世紀の日本のために少しでも前進できますようご支援、ご協力をお願い申し上げる次第です。

浅井　隆